AI 정부

인공지능총서

인공지능 시대입니다. 기계가 인간의 인지를 대신하고, 사물이 인간을 통하지 않고 다른 사물과 직접 커뮤니케이션합니다. 이에 따른 인간 삶과 문명 변화를 정확히 이해·예측·대응하는 것은 이 시대 우리 모두의 과제입니다. 인공지능총서는 인공지능 기술과 환경의 여러 주제를 10가지 키워드로 정리합니다. 관련 개념과 이론, 학계와 산업계의 쟁점, 우리 일상의 변화를 다룹니다. 인간과 기술의 현재, 미래를 세심히 분석합니다.

일러두기

- 인명, 작품명, 저서명, 개념어 등은 한글과 함께 괄호 안에 해당 국가의 원어를 병기했습니다.
- 외래어 표기는 현행 어문규정의 외래어표기법을 따랐습니다. 다만 '딥러닝', '딥마인드', '딥페이크' 등은 관행을 따랐습니다.

AI 정부

한세억

대한민국, 서울, 커뮤니케이션북스, 2024

AI 정부

지은이 한세억
펴낸이 박영률

초판 1쇄 펴낸날 2024년 10월 30일

커뮤니케이션북스(주)
출판 등록 2007년 8월 17일 제313-2007-000166호
02880 서울시 성북구 성북로 5-11
전화(02) 7474 001, 팩스(02) 736 5047
commbooks@commbooks.com
www.commbooks.com

ISBN 979-11-288-6883-2 03500

책값은 뒤표지에 표시되어 있습니다.

차례

국민의, 국민을 위한, 국민에 의한 정부

만일 누군가 독자에게 타임머신을 탈 수 있다며 어느 시절, 어디로 가고 싶냐고 질문한다면 어떤 대답을 할 것인가? 동일한 질문이 저자에게 주어진다면, 아마 주저 없이 조선 시대 세종대왕 시절, 어느 곳이든 상관없다고 답할 것이다. 행정 연구자로서 더더욱 그렇다.

지금은 첨단 과학 기술과 문명이 발달한 시대다. 하나 돈과 끗발만 있으면 뭐든 다 되는 그들만의 세상에서 현실 모르고 갈겨대는 그놈의 민생이니, 자유니, 민주니, 정의니, 공정이니, 평화니, 국민이니…. 도무지 와닿지 않는 꽹과리 같은 소리가 요란하다. 저자가 가고 싶은 시대는 그런 잡음과 소음이 들리지 않아서 좋다. 오로지 민초들을 위한 노심초사가 애민으로 피부에 느껴져 가슴을 뭉클하게 해준 '찐' 리더가 이끌었던 시대였기에, 진정으로 권력(왕관)의 무게와 책임감을 느끼며, 제 몸 상하는 줄 모른 채 모름지기 민초들을 어여삐 여겼던 시대였기에, 아마 국민이라서 가장 행복한 나라가 아니었을까. 그래선지 조선의 민초는 정쟁에 몰두한 무능한 정치

꾼들로 인해 나라가 위태로울 때 모든 것, 심지어 목숨까지 풀처럼 가벼이 여겼다. 천하를 위해 귀한 생명을 바쳐도 아깝지 않을 그런 나라에서 살고 싶다.

꿈같은 이야기일까? 불과 전기가 발명된 이후 오늘날 지식과 과학의 '끝판왕'이라는 인공지능(AI), 개발을 넘어 적용 및 확산 단계에 이르렀다. AI는 사회와 삶을 더 나은 방향으로 이끌어 줄 것으로 기대된다. AI 정부는 단순한 기술 도입을 넘어서는 정부다. 산업 시대의 유물인 관료주의를 깨트리는 정부여야 한다. 말로 아닌 실천으로 민심(民心)을 존중하며, 민생(民生)을 살피고, 민의(民意)에 순종하는 정부가 국민의 정부다. 정부 기질과 형질이 근본적으로 바뀌어야 한다. 과거, 아니 지금까지도 정부가 주권자가 위임한 공권력을 사적으로 오남용하고 있다. 오만방자한 정치꾼들과 영혼 없는 말종의 탐관오리가 득실거리는 세상에 안녕을 고할 때 비로소 참된 국민의 세상이 될 수 있다.

진정한 AI 정부는 국민의 뜻과 목소리에서 출발한다. 수많은 데이터 속에서 국민의 꿈과 희망, 고민과 요구를 찾아내어 그 목소리를 정책으로 변환할 수 있어야 한다. 그래서 민원(民怨)을 제때 풀어 주고, 민의에 민감하게 반응하며, 민성(民聲)에 세심하게 귀 기울여야 한다. 작

금의 민폐 행정-입법-사법 기능이 선량한 AI로 대체되어야 참된 국민의 AI 정부다. 그래야 정책 결정-집행-판단이 더욱 공정하고, 투명하며, 효율적으로 이루어지면서 국민 삶이 편안하고 풍요로워질 수 있다.

'국민을 위한' AI 정부는 모든 결정의 중심에 국민을 둔다. AI는 국민의 요구를 듣고, 그들의 필요를 분석하며, 보다 나은 결정을 내리기 위해 끊임없이 학습한다. 그런데 이 과정에서 인간의 감성과 지혜가 결합되어야만, 비로소 참되고 반듯한 AI 정부로서 작동할 수 있다. 모든 정책이 국민을 위해 설계되고, 그 정책이 국민의 삶에 실질적인 변화를 가져오는 모습을 그려 보라. 이는 마치 끊임없이 흐르는 강물이 그 길을 스스로 찾아내듯, AI 정부가 국민의 필요에 따라 스스로 진화하는 과정이리라.

'국민에 의한' AI 정부는 모든 국민이 참여하는 민주주의의 새로운 형태다. 과거의 민주주의가 투표와 정치적 참여를 통해 이루어졌다면, AI 정부는 기술을 통해 모든 국민이 일상적으로 정책 결정에 참여할 수 있는 환경을 제공한다. 데이터는 국민 한 사람 한 사람의 목소리를 반영한다. 작고 그늘진 곳의 소리나 의견을 소홀히 여기지 않고 모두 모아 국가의 미래를 함께 설계하는 기반으로 삼는다. 여기서 AI는 투명하게 운영되며, 국민들의 신뢰를 얻는 데 중점을 두어야 한다. 진정 국민이 주인 · 주체가 되어 운영되는 정부, 그곳에 마음과 몸으로 느껴질 수 있는 자유와 민주주의, 공정, 희망이 있다.

디지털 플랫폼을 넘어 AI 정부로

창세 이후 역사 속에서 진보해 온 기술이 우리 삶의 구석구석에 스며들고 있다. 한때 먼 미래처럼 느껴졌던 디지털 플랫폼은 이제 일상의 일부가 되었다. 정부도 변화하고 있다. 클릭 몇 번으로 민원을 처리하고 데이터를 바탕으로 정책이 결정되는 세상에서, 정부도 그 변화를 자연스럽게 받아들여야 한다. 그러나 그 흐름 속에서 국민은 더 큰 변화를 갈망한다. 디지털 플랫폼 정부 이후에도 더 나아갈 수 있는 길을 모색해야 한다. 그 길의 끝에 AI 정부의 지평이 펼쳐질 것이다.

디지털 전환 과정에서 공적 영역과 사적 영역에서 동시에 회자되는 용어가 있다면 디지털 플랫폼 아닐까. 그 개념과 정의는 영역마다 분분하다. 그런데 디지털 플랫폼 정부의 맥락에서 그 의미를 제대로 이해하고 쓰고 있는지 곱씹을 때다. 아직도 디지털 플랫폼 정부가 뭔지 잘 모르는 사람이 많은 것 같다. 그것도 정부에. 정부를 수

식하는 디지털 플랫폼은 목적이 아닌 수단이라는 점을 잊지 말아야 한다. 공공서비스의 방식과 절차를 혁신하는 기술이다. 그 본질은 정부를 변화시키는 데 있다. 달리 말해 디지털 플랫폼은 정부를 정부답게 만드는 데 기여해야 한다.

원래 '정부'란 그리스어로 '방향 잡기(steer)'요, '행정'은 '봉사하다(serve)'란 의미를 지닌다. 즉 정부는 부모처럼 자신이 아닌 누군가를 위해 의미 있는 행위를 하는 존재임을 짐작케 한다. 그러면 우리 맘 속에 그려지는 진정한 부모의 모습은 어떤가. 우리는 가시고기나 펭귄에서 참된 부성애(父性愛)를 그려낼 수 있다. 어머니는 어떤가? 설명이 필요 없는 모성애(母性愛)에서 드러난다. 아무리 힘겨운 문제일지라도 엄마 앞에선 실타래 풀리듯 해결되기에 엄마 손은 아리아드네의 실타래와 같다. 아픈 배를 쓸어 주면 통증이 가시기에 엄마 손은 약손이다. 또한 흉금을 털어놓고 소통할 수 있는 편안한 카운슬러다. 훗날 자식에게 보탬이 될까 살림살이 아끼고 쪼개는 알뜰한 후원자다. 가정의 행복과 자식의 성공을 위해 몸 안 사리고 묵묵히 희생을 감내하는 봉사의 화신이다. 이게 진정한 플랫폼이다.

부모처럼 정부도 국민에게 문제 해결자이며 치료자

요, 안내자이며 후원자요, 봉사자로서의 역할이 기대되기 마련이다. 실제로 정부는 최대의 서비스 산업이다. 정부는 국민 생명과 재산에 직결된 공공 서비스를 제공한다. 여타 서비스와 달리 작은 결함과 사소한 부주의로 큰 피해가 야기될 수 있어 디테일에 강해야 한다. 공직자는 지위 고하를 막론하고 공복(公僕)으로서 성심성의껏 국민에 봉사해야 한다. 이렇듯 정부는 국민의 고충이나 문제의 해결과 가치 창출을 위해 세심한 배려와 반응이 필요하다. 정부 자체가 올바른 부모처럼 국민에게 봉사하게끔 돕는 수단이 디지털 플랫폼이다.

디지털 플랫폼은 지식과 정보의 바다를 가로질러 효율성과 접근성을 가져다줄 것이다. 하지만 그것만으로는 충분하지 않다. 국민 개개인의 필요를 정확히 예측하고 실시간으로 대응할 수 있는 정부, 무수한 데이터 속에서 사회의 복잡한 문제를 해결할 실마리를 찾아내는 정부, 인간의 한계를 넘어서는 인공지능의 힘을 활용한 정부. 그래서 국민이 원하는 것을 알아서 해결하고 제공해주는 지능적 정부가 AI 정부다. 이 모든 것이 이제는 더 이상 꿈이 아닌 현실로 투영되고 있다.

AI 정부는 단순한 기술의 진화가 아니다. 그것은 정부와 국민 간의 관계를 새롭게 정의한다. 그 관계 속에서 국민이 중심이 되는 시대의 서막이 열릴 것이다. 아니 열려야 한다. 디지털 플랫폼 정부가 정보의 흐름을 개방하고 참여를 확대하는 정보의 바다라면, AI 정부는 그 정보의 바다를 넘어 문제를 사전에 차단하거나 해결하고, 미래를 예측하고 대응할 수 있는 능력을 갖춘 정부다.

AI 정부를 향한 여정은 도전으로 가득하다. AI 기술이 아무리 발전하더라도, 그것을 인간을 위해 어떻게 활용할 것인지 질문과 우려가 여전히 남아 있다. 가령 인공지능이 가져다 줄 혜택은 무엇이며, 또한 어떤 위험을 안고 있을까? 인공 지능 시대의 주인공은 누구이며 어떤 사회를 만들어 나가야 할까? 인공 지능 기술의 힘을 남용하지 않고, 그것을 통해 모든 국민이 혜택을 누릴 수 있도록 할 것인가? 그 과정에서 근본은 인간의 존엄과 가치를 지키는 일이 되어야 한다.

디지털 플랫폼 정부에서 AI 정부로의 전환은 단순한 기술적 혁신이 아니다. 따라서 우리 사회가 나아가야 할 방향에 깊은 성찰이 필요하다. 인공지능 전환 과정에서 우리는 기술의 가능성을 최대한 활용하면서도, 그것이 인간의 삶을 더 풍요롭게 만드는 데 어떻게 기여할 수 있을지 고민해야 한다.

AI 정부는 무한한 가능성을 제공한다. 하지만 그 가능성은 우리의 선택에 따라 달라진다. 우리는 더 나은 미래를 만들 수 있는 기회를 손에 쥐고 있다. 그 기회를 어떻게 사용할 것인가는 우리의 책임이다. AI 정부로 나아가는 여정에서 우리는 단순히 새로운 기술 도입 및 활용을 넘어, 우리의 삶과 사회를 다시 한 번 재구성하는 과업에 착수해야 한다. 그 과업은 관료나 특정 전문가와 집단, 특정 기술 및 사업자, 그들만의 전유물이 되어서는 안 된다.

이 책은 AI 정부로의 여정을 안내하는 길잡이로서 AI 정부가 무엇을 의미하는지, 그것이 어떻게 구현될 수 있는지, 그리고 그 과정에서 직면하게 될 도전과 과제들을 탐구하고자 한다. 이 책을 통해 우리는 AI 정부의 가능성과 한계를 이해하고, 그 가능성을 현실로 만들어 나가는 데 필요한 지혜와 통찰을 얻을 수 있다. 이제 디지털 플랫폼 정부를 넘어, AI 정부라는 새로운 시대의 문이 열리고 있다. 그 문을 통해 국민의, 국민을 위한, 국민에 의한 AI 정부의 창조적 미래로 나아가야 한다.

01
AI와 정부의 만남

인공지능과 정부의 만남, 어떤 만남이어야 할까? 미래를 향한 정부의 여정에서 인공지능은 정책 결정의 과학화, 행정 효율성 증대, 국민 참여 확대 등 다양한 분야에서 새로운 가능성을 열어 줄 것이다. 하지만 동시에 인공지능의 오남용, 프라이버시 침해, 일자리 감소 등 도전적 과제도 존재한다. 국민의 삶을 책임져야 할 정부가 맞이할 인공지능은 정부의 일하는 방식을 넘어 시스템 전체를 바꿀 잠재력을 지녔다. 이러한 변화에 발맞춰 정부는 인공지능과 새로운 파트너십을 설정하고 유지해야 한다.

인공지능과 정부의 올바른 운명적 만남

인류 역사에서 과학 기술의 발전은 사회의 진보와 변혁을 이끌어 왔다. 증기 기관이 산업 혁명을 일으켰다. 이어 전기는 인간 생활의 모든 측면을 바꾸어 놓았다. 인터넷은 전 세계를 하나로 연결하였다. 이제 인간은 또 다른 혁명의 문턱에 서 있다. 그 중심에 인공지능이 있다. 인공지능의 파트너 가운데 하나가 바로 정부다.

먼 옛날, 초기 사회에서 정부는 단순한 질서 유지나 외침 방어 등의 역할만을 수행했다. 시간이 흐르면서 복잡한 문제를 해결하고, 공공 이익을 위한 결정이 증가하면서 정부 역할은 더욱 복잡하고 다양해졌다. 행정 절차와 정책 결정의 효율성을 높이기 위한 다양한 시도가 이루어졌다. 하지만 관료주의의 한계에 다다르면서 이제 인공지능이 새로운 전환의 중심에 자리 잡고 있다.

인공지능과 정부의 만남은 어떤 의미를 지니고 있을까? 단순한 기술적 혁신 이상이다. 이는 정보의 홍수 속에서 올바른 결정을 내리기 위한 노력이며, 자원의 한계를 넘어 더 나은 사회를 구축하려는 꿈이다. 인공지능은 막대한 데이터를 분석하고, 예측하며, 효율성을 극대화하는 도구다. 그러나 그 자체로 목적이 될 수는 없다. 정부가 그 도구를 올바르게 사용함으로써 비로소 진정한 가치가 발견된다.

상상해 보라. AI가 행정 절차를 자동화하여 시민들이 공공 서비스를 더 빠르고 효율적으로 받을 수 있게 하는 모습을. 교통 체증을 줄이기 위해 실시간으로 데이터를 분석하고, 도시의 에너지 소비를 최적화하는 AI 시스템을. 의료 분야에서 질병을 조기에 진단하고, 교육에서 개인 맞춤형 학습 프로그램을 제공하는 모습을…. 단지 미래의 이야기일까? 아니다. 현재 진행 중인 현실이다.

하지만, 이러한 운명적 만남에 도전이 따른다. 데이터의 프라이버시와 보안, AI의 윤리적 사용, 기술 접근성의 불평등 등 많은 문제들이 해결되어야 한다. 정부는 도전과 위험을 직시하고, AI 도입 과정에서 투명성과 공정성을 확보해야 한다. AI는 무한한 가능성을 지녔지만, 그것의 올바른 사용은 인간의 몫이다. 윤리-규범-도덕적으로 올바른 가이드라인과 기준이 없다면, AI는 공익을 위한 도구가 아니라, 오히려 사회적 갈등과 위험을 야기하는 무기가 될 수 있다.

AI와 정부의 만남은 마치 신화 속의 만남처럼 운명적이다. 피할 수 없다. 이는 마치 기술과 인간, 효율성과 윤리, 혁신과 전통이 어우러진 복잡한 춤과 같다. 미래를 향한 춤을 통해 새로운 사회가 창조될 수 있다. 인간의 존엄성을 유지하면서도, 기술의 혜택을 최대한 누릴 수 있는 사회. AI와 정부가 협력하여 더 나은 미래를 만들어 가는 여정은 이제 시작이다.

그 여정에서 중요한 것은 바로 우리, 시민이다. 시민들이 AI를 정확히 이해하고, 올바르게 사용하는지감시자 역할을 해야 하며, 적극적인 관심과 참여가 필요하다. 정부와 AI가 함께 만들어 가는 미래는, 그 속서 살아갈 시민 모두의 책임이기도 하다. AI와 정부의 만남은 운명적이지만 그 운명을 어떻게 풀어 가느냐는 우리의 선택과 의지에 달렸다. 그 선택 과정에서 깨어 있는 양심과 사랑이 깃들 때 AI 정부와 함께하는 미래를 기대할 수 있다.

인공지능과 정부의 잘못된 만남

인공지능은 인간의 상상력을 초월하는 기술적 성취를 이루고 있다. 그 가능성은 무궁무진하다. 많은 이들이 인공지능이 가져올 미래를 기대했다. 하지만, 모든 만남이 그렇듯, 인공지능과 정부의 만남에도 어두운 그림자가 드리워질 수 있다. 잘못된 만남이 불러올 문제는 우리가 상상하는 것보다 훨씬 더 심각할 수 있다.

지식과 기술의 최전선에서 기술 혁신의 상징으로 찬

양받는 인공지능은, 자칫 잘못된 정부와의 만남으로 인해 디스토피아적 현실을 초래할 위험성이 상존한다. 인류가 걸어온 길을 돌아보면 기술의 오용이 어떻게 재앙을 초래했는지 알 수 있다. 핵무기, 감시 사회, 생명 공학의 남용 등 수많은 전례가 경고의 메시지를 던진다. AI와 정부의 잘못된 만남은 이처럼 또 다른 어두운 장을 열 수 있다.

가령 어느 정부가 AI를 도입하면서 모든 것을 자동화하기로 결정했다고 가정해보자. 처음에는 행정 효율성 향상과 국민 편의 증대를 위한 선의의 시도로 시작되었다. 하지만 점차 AI는 시민의 일거수일투족을 감시하는 눈으로 변질된다. 거리의 감시 카메라는 단순한 범죄 예방을 넘어 시민의 모든 행동을 기록하고 분석한다. AI 알고리즘은 정부에 비판적인 목소리를 찾아내고, 이들의 활동을 억제하는 데 사용된다. 자유로운 발언과 표현의 자유는 점차 사라지고 공포가 그 자리를 대신한다면, 정말로 끔찍한 미래 모습이다.

잘못된 만남의 또 다른 결과는 사회적 불평등과 불공정의 심화이다. 정부는 AI를 통해 복지 시스템을 관리하고자 한다. 그런데 만일 알고리즘이 특정 계층에게만 혜택을 주도록 설계된다면 어떻게 될까? 데이터 편향성은 부유한 지역에 더 나은 서비스를 제공하고, 빈곤한 지역은 소외시킬 수 있다. 교육, 의료, 사회 복지 등의 분야에서 AI가 결정하는 과정에 인간적 판단과 배려는 사라지고 기계적 냉혹함만이 남을 수 있다. 자칫 사회 분열을 심화하고, 불만과 갈등을 초래하는 암울한 미래 모습이다.

또한 데이터 남용과 프라이버시 침해는 심각한 문제를 야기한다. 정부는 국민의 모든 데이터를 수집하고 분석하여 정책을 결정한다. 그러나 이 과정에서 개인의 프라이버시는 철저히 무시될 수 있다. 시민들은 자신의 데이터가 어떻게 사용되는지 알지 못하며, 정부는 이를 투명하게 공개하지 않을 수 있다. 데이터 유출 사고가 발생해도 책임지는 이가 없다. 현재와 다름없는 무책임한 행정의 전형이자 오히려 강화될 수 있다. 시민들은 디지털 독재 아래서 자유를 잃고, 그들의 일상은 감시와 통제의 그물에 걸리게 된다.

또한 정부와 AI의 잘못된 만남은 윤리적 문제를 야기한다. AI는 도덕적 판단을 내릴 수 없다. 알고리즘은 인간의 편향성을 그대로 반영한다. 잘못 설계된 AI 시스템은 특정 인종, 성별, 계층에 대한 차별을 심화한다. 이는 사회적 불평등과 갈등을 더욱 악화시키며, 공정하고 평등한 사회를 만들기 위한 노력을 무색하게 만들 수 있다.

이렇듯 모든 문제의 근본 원인은 정부의 무지와 무책임에서 비롯된다. AI를 도입하면서 충분한 윤리적 검토와 사회적 합의를 거치지 않거나 기술의 오남용에 대한 경고를 무시한 결과의 모습이다. 투명성과 책임성 없이, 오로지 효율성과 통제만을 추구한 결과는 참혹하다. AI를 통해 정부 권력을 강화하는 과정에서 시민의 신뢰와 자유를 잃을 수 있다.

인공지능과 정부의 잘못된 만남으로 야기되는 디스토피아적 현실은 미리 피할 수 있다. 정부와 시민이 함께 AI의 도입과 사용에 대해 논의하고, 투명성과 책임성을 강조하며, 윤리적 기준을 세워야 한다. 올바른 운명적 만남을 통해 AI와 정부는 우리 사회를 더욱 발전시키고, 공정하고 평등한 미래를 만들어갈 수 있다. 그리고 국민인 우리는 기술의 주인이자 그 책임을 지는 존재로서 자각하고 행동해야 올바른 선택이 가능하다. AI와 정부의 잘못된 만남을 상상하고 반면교사로 삼아, 더 나은 미래를 함께 만들어야 한다.

02
왜, AI 정부인가?

지금 정부, 이대로 좋은가? 결코 아니다. 그동안 기술 혁신은 사회, 조직, 개인 삶의 방식을 끊임없이 바꾸어 왔다. 하지만 유독 정부만 변화에 독야청청했다. 이제 인공지능 전환의 문턱에 서 있다. 정부도 예외가 될 수 없다. AI 정부, 단순한 유행이 아니다. 생존에 불가피한 적응이다. AI 정부는 인공지능 기술 기반 업무를 수행하고, 시민에게 서비스를 제공하는 새로운 정부 운영 방식이다. 인공지능 기술의 선용(善用)으로 정부의 존재 이유를 강화해야 한다. 정부를 변화시키는 가능 인자로서 AI 기술의 필요성과 당위성을 살펴보기로 한다.

AI 정부, 유행인가? 적응(생존)인가!

인류 역사 속에서 기술의 발전은 언제나 논쟁을 야기했다. 가령 증기 기관이 등장했을 때, 전기가 일상에 스며들었을 때, 그리고 인터넷이 세상을 연결했을 때, 사람들은 새로운 기술의 필요성에 의문을 품었다. 이제 우리는 또 다른 질문 앞에 서 있다. 왜, AI 정부인가? 이것은 단순한 유행인가, 아니면 우리가 생존하고 번영하기 위해 반드시 필요한 적응인가?

현대 사회는 그 어느 때보다 복잡하고 빠르게 변화하고 있다. 인구 증가, 도시화, 기후 변화, 글로벌 경제 위기 등 다양한 문제들이 우리의 일상을 압박 또는 위협하고 있다. 정부는 이러한 문제들을 해결하기 위해 더 많은 정보와 더 빠른 결정을 요구한다. AI는 이러한 요구를 충족시킬 수 있는 강력한 도구다.

AI 정부는 단순한 유행이 아니다. 유행은 잠시 스쳐 지나가는 것일 뿐, AI는 이미 우리의 삶에 깊이 뿌리내리고 있다. 행정 절차의 자동화, 빅데이터 분석을 통한 정책 결정, 스마트 시티의 구현 등 AI는 공공 부문에서 혁신을 이끌고 있다. 이는 단순히 기술을 도입하는 차원을 넘어, 공공 서비스의 질을 높이고 시민들의 삶을 개선하는 방향으로 나아가고 있다.

그러나 AI 정부의 진정한 의미는 적응과 생존에 있다. 우리는 정보의 홍수 속에서 살고 있다. 정부가 방대한 데이터를 효율적으로 관리하고 분석하지 못한다면, 복잡한 문제를 해결하는 것은 불가능하다. AI는 공공 문제를 해결할 수 있는 열쇠다. AI의 데이터 처리 능력은 인간의 한계를 넘어선다. 이를 통해 정부는 보다 정확한 예측과 신속한 대응을 할 수 있다. 이는 단순한 선택이 아닌, 생존을 위한 필수적인 적응이다.

기후 변화는 그 대표적인 난제이다. AI는 기후 데이터를 분석하여 변화의 패턴을 예측하고, 이에 따라 적절한 대책을 세울 수 있게 한다. 이는 우리의 생존을 위한 중요한 요소다. 또 다른 예로 지난 팬데믹 상황에서 AI를 통한 바이러스 확산 경로 추적과 백신 배포의 최적화를 들 수 있다. 이러한 기술적 활용은 인류가 직면한 위기에 대응하고, 생존을 보장하는 데 핵심적 역할을 감당한다.

하지만 AI 정부는 단순히 생존을 위한 도구만은 아니다. 보다 나은 사회를 위한 진화의 가능인자다. AI를 통해 공공 서비스는 개인 맞춤형으로 발전할 수 있다. 교육, 의료, 사회 복지 등 다양한 분야에서 AI는 더 나은 해결책을 제시할 수 있다. 이로써 AI 정부는 삶의 질을 향상하고, 더 공정하고 포용적인 사회를 만드는 데 기여할 수 있다.

물론, AI 정부의 여정에서 많은 도전과 난관이 제기된다. 윤리적 문제, 데이터 프라이버시, 기술 격차 등 해결해야 할 과제들이 많다. 그러나 이러한 문제가 AI의 도입을 막는 장애물이 되어서는 곤란하다. 오히려, 우리는 이러한 문제들을 해결하면서 AI를 올바르게 활용하는 방법을 찾아야 한다.

결국 AI 정부는 유행도 아니다. 단순한 기술 혁신은 더욱 아니다. 우리가 직면한 복잡한 문제들을 해결하기 위한 생존 전략이자, 더 나은 미래를 향한 진화이다. 우리는 AI를 통해 새로운 가능성을 열고, 더 나은 사회를 만들어 갈 수 있다. AI 정부는 우리에게 선택이 아닌 필수이다. 이는 우리의 미래를 위한 적응과 생존의 필연적 과정이다.

그러므로, AI 정부를 받아들이고 그 가능성을 최대한 활용하는 것은 우리 모두의 책임이자 의무다. 더 나은 미래를 위해 지금 이 순간 AI 정부로의 전환을 진지하게 준비하고 실천해야 한다. 이는 우리 모두의 생존과 번영을 위한 길이다.

AI 정부, 미션 임파서블

인류는 언제나 불가능해 보이는 도전에 직면해 왔다. 달에 사람을 보내는 것, 원자력을 제어하는 것, 인터넷으로 전 세계를 연결하는 것, 이 모든 것들은 한때 '미션 임파서블(Mission Impossible, 불가능한 임무)'로 여겨졌다. 이제 또 다른 '미션 임파서블'을 마주하고 있다. 그것은 바로 인공지능과 정부의 융합, 즉 AI 정부이다.

인공지능은 급격한 발전을 거듭하며 비즈니스와 삶의 거의 모든 영역에서 혁신을 가져오고 있다. 이를테면 의료, 금융, 제조, 운송 등 다양한 산업 분야에서 AI 기술이 활용되고 있다. 앞으로 더욱 빠르게 진화할 것으로 예상된다. 이러한 AI 기술의 발전은 사회 전반에 걸쳐 혁신을 가져올 수 있는 잠재력을 가지고 있다. 특히 정부 운영에도 큰 영향을 미칠 것으로 기대된다.

왜 AI 정부인가? 이는 현존 정부가 지닌 여러 가지 한계에서 비롯된다. 지금 정부는 문제와 한계에 봉착해 있다.

첫째, 비효율성이다. 복잡한 행정 절차, 불투명한 의사 결정 과정, 부패 및 낭비 등으로 인해 정부는 비효율적인 운영을 보이는 경우가 많다. 예컨대, 행정 절차가 지나치게 복잡하여 국민들이 불편을 겪거나 정부 사업 추진 과정에서 불투명한 의사 결정으로 인해 국민의 신뢰가 훼손되는 경우 등이다. 또한 부패 및 낭비는 정부 자원의 효율적인 사용을 방해하고, 국민의 세금을 낭비하는 심각한 문제이다.

둘째, 불공정성이다. 정책 결정 과정에서 특정 계층에 대한 편향성이 발생하거나 소외 계층의 목소리가 반영되지 못하는 경우가 허다하다. 정부 정책이 특정 기업이나 개인에게 유리하게 작용하고, 소외 계층은 정책의 혜택을 누리지 못하는 경우가 발생한다. 또한 정책 결정 과정에 소식을 듣지 못한 국민들의 참여가 부족하여 국민의 의견이 제대로 반영되지 못하는 경우도 있다.

셋째, 무능력이다. 급변하는 사회 환경에 적응하지 못하거나 새로운 문제 해결에 대한 역량이 부족한 경우가 많다. 사회 변화에 따라 새로운 정책이 필요하다. 하지만, 정부는 새로운 정책을 마련하거나 시행하는 데 어려움을 겪는 경우가 있다. 또한 새로운 기술이나 문제에 대한 대응 능력이 부족하여 사회적 문제 해결에 실패하는 경우도 발생한다.

한편 인공지능 기술은 기존 관료제 정부의 한계를 극복하고 더욱 효율적이고 공정하며 유능한 정부를 만들 수 있는 세 가지 가능성을 제시한다.

첫째, 효율성 향상이다. AI는 방대한 데이터를 분석하고, 최적의 의사 결정을 내릴 수 있으며, 자동화를 통해 업무 효율성을 높일 수 있다. 가령, AI는 국민들의 신청 및 민원 처리 과정을 자동화하여 처리 시간을 줄이고, 정부 사업 추진 과정에서 데이터 기반 의사 결정을 통해 효율성을 높일 수 있다. 또한 AI 기반 부패 감시 시스템을 구축하여 부패를 예방하고, 정부 자원을 효율적으로 사용할 수 있다.

둘째, 공정성 증진이다. AI는 편향성 없이 객관적인 데이터 기반으로 정책을 결정하고, 소외 계층의 목소리를 반영할 수 있다. 가령 국민들의 의견을 수렴하고 분석하여 정책 결정에 반영하며, 소외 계층에 대한 맞춤형 정책을 개발하고 제공하는 것이 그 예다. 또한 AI 기반 투명성 시스템을 구축하여 정책 결정 과정을 투명하게 공개하고, 국민의 신뢰를 높일 수 있다.

셋째, 역량 및 능력의 강화이다. AI는 끊임없이 학습하고 발전하며, 새로운 문제 해결에 대한 뛰어난 역량을 발휘할 수 있다. 가령, AI는 사회 변화를 예측하고, 새로운 정책을 마련하거나 시행할 수 있으며, 새로운 기술이나 문제에 대한 대응 능력을 강화할 수 있다. 또한 AI 기반 예측 분석 시스템은 사회 문제를 해결하는 데 기여할 것이다.

AI 정부의 개념은 단순히 기술의 집합이 아니다. 그것은 인간 사회의 복잡성을 이해하고, 그 속에서 최선의 결정을 내리는 시스템을 만드는 것을 의미한다. 이는 단순한 데이터 처리나 자동화가 아니라 인간의 윤리와 가치, 사회적 동역학을 모두 고려해야 하는 거대한 도전이다.

AI 정부의 첫째 과제는 방대한 데이터를 처리하는 능력이다. 현대 사회는 매 순간 엄청난 양의 데이터를 생성한다. 시민들의 일상적인 활동, 경제 활동, 자연 현상 등 모든 것이 데이터로 기록된다. AI 정부는 이러한 데이터를 분석하여 정책을 수립하고 실행할 수 있는 능력을 키워야 한다. 단순히 데이터를 모으는 것이 아니다. 그 속에서 의미 있는 패턴을 찾아내고, 이를 기반으로 예측하고 결정을 내리는 과정을 포함한다. 그러나 이 과정은 단순하지 않다. 데이터의 신뢰성, 정확성, 그리고 이를 해석하는 알고리즘의 공정성 모두가 중요한 문제로 떠오르기 때문이다

둘째 과제는 프라이버시와 보안이다. AI 정부가 제대로 기능하기 위해서 많은 개인정보가 필요하다. 이는 자연스럽게 프라이버시 문제를 야기한다. 시민들의 사생활이 보호되지 않는다면, AI 정부는 신뢰를 잃고 반발에

직면할 수밖에 없다. 또한 수집된 데이터가 해킹 등의 위협으로부터 안전하게 보호되지 않는다면, 국가 안보에도 치명적인 위협이 될 수 있다. AI 정부가 성공하려면, 철저한 보안 시스템과 강력한 프라이버시 보호 정책이 필수적 과제다.

셋째 과제는 윤리적 문제다. AI는 편향될 수 있다. AI 알고리즘은 주어진 데이터를 기반으로 학습한다. 그런데 만일 데이터가 편향되었다면, AI의 결정도 편향될 수 있다. 이는 특정 집단이나 개인에게 불이익을 줄 수 있다. 심지어 사회적 불평등을 심화시킬 수 있다. AI 정부는 윤리적 문제를 해결하고, 공정하고 투명한 시스템을 구축해야 한다. 이는 기술적 문제뿐만 아니라 사회적, 정치적 문제와도 깊이 연관되어 있다.

넷째 과제는 AI와 인간의 협력이다. AI는 인간을 대체하는 것이 아니다. 인간과 협력하여 더 나은 결정을 내리는 도구다. 그러나 이는 말처럼 쉬운 일이 아니다. AI의 결정이 항상 옳은 것은 아니다. 인간의 판단 역시 때로는 오류를 범할 수 있다. AI 정부는 이러한 인간과 AI 상호간 협력의 균형을 맞추는 것이 중요하다. 인간의 창의성과 AI의 분석 능력을 결합하여 최선의 결과를 도출해야 한다.

마지막으로, AI 정부의 가장 큰 도전은 변화에 대한 저항이다. 신기술이 도입될 때마다, 기존 시스템과 이해관계자는 저항했다. AI 정부도 예외는 아니다. 기존 정치 구조, 관료주의, 그리고 이익 집단들은 AI 정부의 도입에 반발할 수 있다. 이를 극복하기 위해 강력한 리더십과 국민 신뢰가 필요하다. AI 정부는 AI로 치장하는 정부의 멋내기가 아니다. 정부 본질과 체제를 바꾸는 혁신이다. 인공지능 전환의 시대적 명령이다.

AI 정부는 정부 입장에서 볼 때 분명히 'Mission Impossible'처럼 보일 수 있다. 그러나 국민 입장에서 는 가능하다. 이미 많은 'Mission Impossible'을 가능한 현실로 바꾸어 왔다. AI 정부도 그러한 가능성 영역의 하나다. 방법은 '다이 하드(Die Hard)'에 달렸다. 죽을힘을 다해 살아가는 국민의 관점에서 AI 정부는 단순한 꿈이 아니라, 우리가 미래를 향해 나아가기 위해 반드시 풀어야 할 과제이다. AI 정부의 도전은 험난한 만큼 그 잠재력 또한 무궁무진하다. 이러한 도전을 통해 더 깨끗하고 더 공정한 사회, 그리고 더 효율적인 사회를 만들어야 한다. AI 정부는 국민의 삶을 행복하게 변화시키는 정부 혁신의 요체다. 정부의 존재 이유, 제대로 인정받으려면 AI 정부를 향한 공직자의 사투(死鬪)에 달렸다.

참고문헌

한세억(2018). 『왜, 정부에 창조성이 메마른가? 행정과 창조성 - 창조시대의 행정이론과 실천』. 청목출판사.

03
누굴 위한 AI 정부인가?

AI 정부, 누구를 위한 것일까? 모름지기 시민의 입장에서 AI 정부의 혜택과 우려 사항이 고려되어야 한다. 진정 시민 중심에서 AI 정부를 구현해야 한다. 시민은 지배 대상이 아니라 서비스 대상이다. 이러한 교과서 같은 원리가 AI 정부의 구현 과정에서 정책 활동과 공공 서비스 등에서 각고의 혁신을 거쳐야 삶의 이야기로 체감될 수 있다. 물론 기대와 함께 우려가 공존한다. AI 정부의 도입이 시민의 삶에 어떤 영향을 미칠지, 그리고 그 변화를 어떻게 준비할 것인지 성찰해야 한다.

AI 정부에 대한 기대와 우려

인류는 늘 변화와 혁신을 갈망해 왔다. 오늘날 우리는 또 하나의 혁신, 인공지능이 주도하는 새로운 시대의 문턱에 서 있다. 특히 AI와 정부의 결합, 즉 AI 정부에 대한 기대와 우려가 교차하고 있다. AI 정부는 새로운 가능성을 열어 줄 수 있는 동시에, 해결해야 할 복잡한 문제들을 내포하고 있다.

먼저, AI 정부에 대한 기대는 무한하다. 가장 큰 기대는 행정 효율성의 획기적인 향상이다. 현재의 행정 시스템은 종종 복잡하고 느리다. 인간의 실수와 편견으로 인한 오류가 발생할 수 있다. AI는 이러한 문제를 해결할 수 있는 잠재력이 있다. AI를 통해 데이터 분석과 자동화를 구축하면 행정 절차가 단순화되고, 더 빠르고 정확한 결정을 내릴 수 있다. 가령, 시민들이 공공 서비스를 신청할 때 AI가 자동으로 필요한 서류를 분석하고, 실시간으로 처리를 완료해 줄 수 있다.

또한 AI 정부는 정책 결정의 질을 높일 수 있다. AI는 방대한 데이터를 분석하고, 다양한 변수와 시나리오를 고려하여 최적의 결정을 도출하는 데 도움을 준다. 이를 통해 보다 과학적이고 객관적인 정책이 수립될 수 있다. 예를 들어 교통 정책을 수립할 때, AI가 실시간 교통 데이터를 분석하여 혼잡을 줄이고 효율성을 극대화할 수 있다. 또한 최적의 경로와 시간대를 제안할 수 있다. 이는 시민들의 생활 편의성을 높이고, 사회적 비용을 절감하는 데 기여할 것이다.

게다가 AI 정부는 개인 맞춤형 공공 서비스를 제공할 수 있다. 개인의 필요와 상황에 맞추어 최적의 서비스를 제공하는 것은 AI의 강력한 장점 중 하나이다. 가령, 의료 분야에서 AI는 환자의 병력과 유전자 정보를 분석하여 개인 맞춤형 치료 계획을 수립할 수 있다. 이는 의료 서비스의 질을 향상하고, 불필요한 의료 비용을 절감하는 데 큰 도움이 될 것이다.

AI 정부는 또한 공공 서비스의 접근성을 높일 수 있다. 의료, 교육, 사회 복지 등 다양한 분야에서 AI는 맞춤형 서비스를 제공할 수 있다. 이를 통해 사회적 불평등을 줄이는 데 기여할 수 있다. 가령, AI 기반의 의료 진단 시스템은 원격 진료를 가능하게 하여, 의료 혜택을 받기 어려운 지역에서도 고품질의 의료 서비스를 받을 수 있도록 도와준다.

그러나 AI 정부에 대한 기대와 함께 여러 가지 우려도 제기되고 있다. 가장 큰 우려 중 하나는 프라이버시 침해 문제다. AI 정부가 제대로 기능하기 위해서는 방대한 양의 데이터가 필요하다. 이는 개인의 사생활을 침해할 가능성을 내포하고 있다. 정부가 수집한 데이터가 어떻게 사용되는지, 누가 접근할 수 있는지 명확한 규제 기준이 없다면 심각한 프라이버시 문제를 초래할 수 있다.

AI의 결정 과정에 대한 투명성과 공정성도 중요한 문제이다. AI 알고리즘은 주어진 데이터를 기반으로 학습하며, 이 데이터가 편향되어 있다면 AI의 결정도 편향될 수 있다. 이는 특정 집단이나 개인에게 불이익을 줄 수 있으며 사회적 불평등을 심화시킬 수 있다. AI 정부가 공정하고 투명한 시스템을 구축하기 위해 알고리즘의 편향성을 최소화하고, 그 과정을 공개하는 노력이 필요하다.

AI 정부의 도입은 또한 노동 시장에 큰 변화를 불러올 수 있다. 많은 일자리가 자동화될 가능성이 있으며, 이는 실업 문제를 초래할 수 있다. 특히 단순 반복 업무를 수행하는 노동자들이 큰 타격을 받을 수 있다. 이에 대한 대비책이 마련되지 않는다면, 사회적 갈등과 불안이 증폭될 것이다

이 외에도 기술 의존과 신뢰의 문제가 있다. AI 시스템에 지나치게 의존할 경우, 기술적 오류나 해킹 등 예상치 못한 문제가 발생할 수 있다. 이는 공공 서비스의 마

비나 정책 결정의 오류를 초래할 수 있으며, 시민들의 신뢰를 잃게 만들 수 있다.

AI 정부는 분명히 시민의 삶을 크게 변화시킬 잠재력을 가지고 있다. 그러나 이러한 변화를 긍정적으로 이끌기 위해서는 많은 준비와 노력이 필요하다.

첫째, 프라이버시와 데이터 보안에 대한 강력한 규제가 필요하다. 시민들의 데이터를 안전하게 보호하고, 데이터 사용 문제에 명확한 가이드라인을 제시해야 한다.

둘째, AI 알고리즘의 공정성과 투명성을 확보해야 한다. 이를 위해 다양한 전문가들의 참여와 감시가 필요하다. AI 시스템의 결정 과정과 결과를 투명하게 공개해야 한다. 또한 알고리즘의 편향성을 최소화하기 위한 지속적인 연구와 개선이 필요하다.

셋째, AI 정부의 도입으로 인한 노동 시장의 변화를 대비해야 한다. 자동화로 인해 사라질 일자리에 대한 대책을 마련하고, 새로운 기술에 적응할 수 있도록 노동자들을 교육하고 재훈련해야 한다. 이를 통해 AI 정부의 도입이 사회적 안정과 번영을 가져올 수 있도록 해야 한다.

결론적으로, AI 정부는 우리의 미래를 재구성할 수 있는 혁신적인 개념이다. 그러나 그 도입과 실행에는 많은 도전과 고민이 필요하다. AI 정부에 대한 기대와 우려를 균형 있게 인식하고, 그 잠재력을 최대한 활용할 수 있도록 준비해야 한다. 그렇게 함으로써, AI 정부가 진정한 혁신과 발전을 가져올 수 있다.

통치가 아닌 봉사하는 AI 정부

AI 정부에 의해 어떠한 모습이 펼쳐질 것인가? 지금껏 인류의 지배자는 같은 인간이었다. 그들은 법과 권력을 통해 통치했다. 그러나 시간이 흘러 기술이 발전하면서, 우리가 꿈꿨던 새로운 형태의 정부가 현실로 나타날 수 있다. 마치 영화처럼.

어느 날 아침, 눈부신 햇살이 도시를 감싸고 있었다. 사람들은 모두 일상으로 분주하게 움직이고 있었지만, 이 도시는 이전과는 사뭇 다른 모습이었다. 거리에는 미소를 띤 사람들, 서로를 도와주는 손길들이 넘쳐났고, 공기는 신선하며 하늘은 맑고 푸르렀다. 이 모든 변화의 중심에는 AI 정부가 있었다. AI 정부는 통치자가 아닌 봉사자로서, 우리의 삶을 지원하고 향상하는 데 초점을 맞춘다. 새로운 정부의 이야기는 미래의 어느 도시에서 시작될 수 있다.

미래의 도시는 눈부신 빌딩들과 첨단 기술로 가득 차 있다. 거리에는 자율 주행 차량들이 질서 정연하게 움직이고, 공원에서는 드론들이 하늘을 날아다니며 환경을 모니터링하고 있다. 이 도시는 AI 정부의 지휘 아래 운영되고 있다. 사람들은 더 이상 복잡한 행정 절차에 얽매이지 않고, 각자의 삶에 집중할 수 있다.

아침이 되면 시민들은 AI 정부가 제공하는 개인화된 서비스에 따라 하루를 시작한다. 한 가족의 아침 식사는 AI가 미리 분석한 건강 데이터와 식습관을 바탕으로 준비된다. 부모는 아이들이 학교에 갈 준비를 하는 동안, AI 비서가 날씨와 교통 상황을 실시간으로 알려 준다. 덕분에 출근길은 언제나 쾌적하고 효율적이다.

교육 현장에서도 AI 정부의 진가가 발휘된다. 학생들은 각자의 학습 스타일과 능력에 맞춘 맞춤형 교육을 받는다. AI 교사는 학생의 학습 속도와 이해도를 실시간으로 분석하여, 최적의 학습 자료와 과제를 제공한다. 학생들은 스스로 학습에 흥미를 느끼고, 자신의 잠재력을 최대한 발휘할 수 있다. 교육은 더 이상 경쟁이 아닌, 개인의 성장을 위한 여정이 될 수 있다.

의료 분야에서도 AI 정부는 혁신을 이끌게 된다. 병원에서는 AI가 환자의 데이터를 분석하여 신속하고 정확하게 진단한다. 예를 들어, 한 환자가 병원을 방문하면 AI는 그의 의료 기록과 현재 상태를 바탕으로 최적의 치료 방법을 제안한다. 의사는 AI의 도움을 받아 환자에게 맞춤형 치료를 제공하고, 회복 속도는 놀라울 정도로 빨라진다.

환경 보호 역시 AI 정부의 중요한 역할 중 하나다. AI는 도시 곳곳에 설치된 센서들을 통해 실시간으로 환경 데이터를 수집하고 분석한다. 공기 질, 수질, 토양 상태 등을 모니터링하여 즉각적인 대응이 가능해졌다. 시민들은 깨끗한 공기를 마시고, 맑은 물을 마시며, 건강한 환경 속에서 살아간다.

그러나 AI 정부의 진정한 가치는 사람들에게 시간을 되돌려 준다는 데 있다. 번거롭고 복잡한 행정 업무는 AI가 처리하고, 시민들은 더 많은 시간을 가족과 친구들과 함께 보낼 수 있다. 여가 시간은 더 풍부해지고 삶의 질은 크게 향상된다. 사람들은 자신의 열정을 따라 새로운 취미를 즐기고, 사랑하는 이들과 더 많은 추억을 쌓을 수 있다.

AI 정부는 단순히 기술의 혁신 이상으로, 인간성을 회복시키는 역할을 한다. AI 정부는 인간이 더 나은 삶을 살 수 있도록 돕는 친구이자 조력자다. 새로운 형태의 정부는 사람을 이해하고, 사람을 위한 봉사를 최우선으로 한다.

미래의 도시는 기술과 인간이 조화를 이루며, 서로를 존중하고 이해하는 공간으로 거듭날 것이다. AI 정부는 이러한 세상을 실현하는 데 중요한 역할을 한다. 그들은 통치자가 아닌, 진정한 봉사자로서 우리의 삶을 더욱 풍요롭게 만들고 있다.

이제 우리는 새로운 시대를 맞이하고 있다. AI 정부는 인류에게 꿈과 희망을 준다. 사람과 기술이 조화를 이루며 보다 나은 미래를 만들어 가는 이야기. 그것은 바로 AI 정부 시대의 시민의 삶 이야기다. AI 정부와 함께, 보다 나은 세상을 향해 한 걸음 한 걸음 나아가고 있다.

참고문헌

한세억(2022). 『국민이 갈망하는 인공지능정부 – 니체에게 띄우는 편지』. 박영사.

04
정부 데이터의 명암

인공지능과 데이터는 마치 동전의 양면과 같다. 데이터는 AI의 힘을 가능케 하는 근본적인 원천이지만, 동시에 그 힘을 제한하고 약화하는 아킬레스건이다. AI 정부의 성공 여부는 데이터의 질과 활용에 달렸다. 정보의 집약체인 데이터는 정책 결정의 근거를 제공하고, 행정 효율성을 높이며, 투명성과 신뢰성을 보장할 수 있다. 물론 어떻게 수집 · 관리 · 활용하느냐에 따라 달라진다. 데이터의 신뢰성과 정확성을 확보하고, 프라이버시와 보안을 보호하며, 공정성과 윤리성을 유지하는 게 AI 정부의 기본이요, 성공의 필요조건이다.

AI 정부의 추진 동력

데이터는 21세기의 원유라 불리며, 그 가치는 날로 증가하고 있다. 특히 AI 정부의 도입과 발전에 있어 데이터는 그 추진 동력으로서 핵심적인 역할을 한다. 데이터를 통해 AI는 학습하고, 예측하며, 결정을 내린다. 데이터는 AI 정부의 엔진을 구동시키는 연료와 같다. 그 의미와 가치는 단순한 정보의 집합을 넘어선다.

데이터는 AI 정부의 기본적인 연료다. AI는 데이터를 통해 학습하고, 패턴을 인식하며, 예측을 수행한다. 공공 서비스의 개선, 정책 결정의 효율성 증대, 사회 문제 해결 등 AI 정부가 추구하는 다양한 목표들은 모두 데이터가 있기에 가능하다. 예를 들어, 교통 데이터를 분석하여 도시의 교통 흐름을 최적화하거나 의료 데이터를 통해 질병의 조기 진단과 예방을 가능하게 하는 등 데이터는 AI의 능력을 극대화하는 역할을 한다.

AI 정부는 의사 결정 과정을 혁신적으로 변화시킨다. 전통적인 정부는 주로 과거의 경험과 제한된 정보를 바탕으로 정책을 수립한다. 그러나 이는 종종 불확실성과 편견을 내포하게 된다. 데이터는 이러한 한계를 극복하는 데 중요한 역할을 한다. 방대한 양의 데이터는 과거의 패턴을 분석하고, 미래를 예측하며, 정책 결정의 근거를 제공한다. 가령, 교통 데이터를 분석하여 혼잡 시간대를 예측하고 최적의 교통 신호 체계를 설계할 수 있다. 이는 교통 체증을 줄이고, 시민들의 생활 편의를 증대하는 데 기여할 수 있다.

또한 데이터는 AI 정부의 투명성과 신뢰성을 강화하는 데 중요한 역할을 한다. 투명한 데이터 공개와 공유는 시민들이 정부의 정책과 결정 과정에 대해 이해하고 신뢰할 수 있도록 도움을 준다. 가령, 정부가 AI를 통해 수집한 데이터를 공개하고 그 분석 결과를 시민들과 공유함으로써, 정책 결정의 과학적 근거와 공정성을 입증할 수 있다. 이는 시민들의 신뢰를 얻고, 정부와 시민 간의 소통을 원활하게 하는 중요한 요소가 된다.

또한 데이터는 AI 정부의 포용성을 높이는 데 기여할 수 있다. 다양한 사회 계층과 집단의 데이터를 수집하고 분석함으로써, AI 정부는 모든 시민들에게 맞춤형 서비스를 제공할 수 있다. 이는 사회적 불평등을 줄이고, 모든 시민이 평등한 기회를 누릴 수 있도록 지원한다. 예컨대, 교육 분야에서 학생들의 학습 데이터를 분석하여 개별 학생에게 맞춤형 학습 프로그램을 제공하거나 사회적 약자에게 필요한 지원을 적시에 제공하는 것이 가능하다.

데이터의 의미는 또한 사회적 변화를 이끄는 데 있다. 데이터는 단순히 과거의 기록이 아니다. 미래를 예측하고 준비하는 도구다. AI 정부는 데이터를 통해 사회의 변화와 트렌드를 파악하고, 이에 대응하는 정책을 수립할 수 있다. 이는 사회의 지속 가능한 발전과 안정성 유지에 중요한 역할을 한다. 예를 들어, AI 정부는 환경 데이터를 통해 기후 변화를 예측한다. 그리고 이에 대응하는 환경 정책을 수립함으로써 미래 세대를 위한 지속 가능한 사회를 구축할 수 있다.

이처럼 데이터의 가치와 의미는 AI 정부의 추진 동력으로서 그 역할을 넘어, 우리의 사회를 재편하고, 미래를 설계하는 데 중요한 요소다. 데이터는 단순한 정보의 집합이 아니라 우리의 행동과 선택을 반영하고, 그것을 기반으로 더 나은 결정을 내릴 수 있는 근거를 제공한다. AI 정부는 데이터를 통해 우리의 삶을 더 효율적이고, 공정하게 만들 수 있는 가능성이 있다.

마지막으로, 데이터는 혁신과 창조의 원천이다. AI 정부는 데이터를 통해 새로운 아이디어와 해결책을 도출하고, 혁신적인 정책을 구현할 수 있다. 이는 사회적 문제를 해결하고, 새로운 기회를 창출하는 데 중요한 역할을 한다. 예를 들어, 데이터 분석을 통해 교통 체증을 줄이는 새로운 교통 시스템을 도입하거나 건강 데이터를 기반으로 공중 보건 정책을 개선하는 것이 가능하다.

결론적으로, 데이터는 AI 정부의 추진 동력으로서 그 가치와 의미가 매우 크다. 데이터는 AI의 능력을 극대화하고, 투명성과 신뢰성을 높이며, 포용성을 증대하는 중요한 역할을 한다. 또한 데이터는 사회적 변화를 이끄는 도구이자, 혁신과 창조의 원천이다. 그러나 데이터의 활용 과정에서 윤리적 문제와 프라이버시 보호에 대한 고려가 필요하다. 이를 통해 데이터의 가치를 온전히 실현할 수 있다. AI 정부의 성공은 데이터의 올바른 활용에 달려 있다. 이를 통해 우리는 더 나은 사회, 더 공정한 사회, 그리고 더 효율적인 사회를 만들어 나갈 수 있을 것이다.

AI 정부의 아킬레스건

인공지능과 데이터는 마치 동전의 양면과 같다. 데이터는 AI의 힘을 가능케 하는 근본적인 원천이지만, 동시에 그 힘을 제한하고 약화하는 아킬레스건이 될 수 있기 때문이다. AI 정부의 성공 여부는 데이터의 질과 활용 방식에 크게 의존한다. 그러나 데이터의 본질적 한계와 그로 인한 문제들은 AI 정부의 가장 큰 약점이 될 수 있다.

먼저, 데이터의 편향성 문제다. AI는 주어진 데이터를 기반으로 학습하고 결정을 내린다. 만약 그 데이터가 편향되어 있다면, 어떻게 될까? AI의 판단 역시 편향될 수밖에 없다. 실례로, 범죄 예측 시스템이 과거의 범죄 데이터를 바탕으로 학습한다면, 특정 지역이나 인구 집단이 지속적으로 높은 위험군으로 분류될 수 있다. 이는 그 집단에 대한 편견을 강화하고 불평등을 심화시킬 수 있다. 데이터의 편향성은 AI 정부의 공정성과 신뢰성을 크게 훼손할 수 있는 심각한 문제다.

둘째, 데이터의 정확성과 신뢰성 문제다. AI 정부가 의사 결정을 내릴 때, 사용되는 데이터의 정확성이 보장되지 않는다면, 당연히 그 결과는 부정확하고 신뢰할 수 없다. 잘못된 데이터는 잘못된 결정을 초래할 수 있기 때문이다. 이는 사회적, 경제적 피해로 이어질 수 있다. 예를 들어, 공공 건강 데이터를 잘못 해석하여 팬데믹 대응 전략을 잘못 세운다면 그 결과는 치명적일 수 있다. 데이터의 신뢰성을 확보하는 것은 AI 정부의 핵심 과제 중 하나다.

셋째, 프라이버시와 보안이다. AI 정부가 효과적으로 기능하기 위해서는 방대한 양의 개인 데이터가 필요하다. 이는 자연스럽게 프라이버시 침해의 우려를 낳는다.

시민들은 자신의 개인정보가 어떻게 사용되는지, 누가 접근할 수 있는지에 대해 불안해할 수밖에 없다. 또한 이러한 데이터가 해킹이나 기타 보안 위협에 노출될 경우, 국가 전체의 안보에도 치명적인 위협이 될 수 있다. AI 정부는 데이터 보안과 프라이버시 보호를 위해 철저한 대책을 마련해야 한다.

넷째, 데이터의 또 다른 약점은 그것이 시간에 따라 변화한다는 점이다. 그렇기에 지속적으로 갱신되어야 한다. 사회는 끊임없이 변화하고 발전한다. 따라서 AI 정부가 사용하는 데이터 역시 지속적으로 업데이트되고 검증되어야 한다. 오래된 데이터나 불완전한 데이터는 현재 상황을 정확히 반영하지 못하며, 이는 잘못된 정책 결정으로 이어질 수 있다. 예를 들어, 경제 정책을 수립할 때 최신 데이터를 사용하지 않는다면, 그 정책은 현실과 동떨어진 결과를 초래할 수 있다.

다섯째, 데이터 접근성과 사용의 불균형 문제도 중요하다. 데이터는 공공의 자산으로서 모든 시민이 공정하게 접근하고 사용할 수 있어야 한다. 그러나 데이터의 소유와 접근 권한이 특정 기관이나 기업에 집중된다면, 이는 데이터 기반의 의사 결정에서 공정성을 훼손할 수 있다. 가령, 특정 기업이 공공 데이터를 독점적으로 사용하여 이익을 취한다면, 이는 사회적 불평등을 심화하고, AI 정부의 공정성을 저해할 수 있다.

여섯째, AI 정부가 직면한 또 다른 도전은 데이터의 해석과 활용 방식이다. 데이터는 그 자체만으로는 의미가 없다. 데이터를 어떠한 입장에서 해석하고, 어떠한 의미를 부여하며, 실제 정책에 반영하는 과정에서 많은 문제들이 발생할 수 있다. 데이터 해석의 오류, 잘못된 가정, 편향된 분석 등은 모두 AI 정부의 의사 결정에 부정적인 영향을 미칠 수 있다. AI 알고리즘은 복잡하고 투명하지 않은 경우가 많으며, 그 결정 과정이 이해되지 않거나 신뢰받지 못할 수 있다.

일곱째, 데이터의 윤리적 문제도 간과할 수 없다. AI는 데이터를 기반으로 결정을 내린다. 하지만, 모든 결정이 윤리적으로 타당한 것은 아니다. AI가 윤리적 판단을 내릴 수 있도록 하기 위해서 데이터 수집과 분석 과정에서 윤리적 기준이 엄격히 적용되어야 한다. 그러나 이는 기술적 · 법적 · 사회적 측면에서 매우 복잡한 문제를 야기할 수 있다. 가령, 공공 안전을 위해 감시 카메라 데이터를 분석하는 AI 시스템이 프라이버시와 공공 안전 사이의 균형을 어떻게 맞출 것인지에 대한 윤리적 문제가 발생할 수 있다.

마지막으로, 지나친 데이터 의존성 문제도 있다. AI 정부는 데이터를 기반으로 의사 결정을 내리지만, 모든 문제를 데이터로 해결할 수 있는 것은 아니다. 인간의 판단과 창의성, 윤리적 고려는 여전히 중요한 요소다. 데이터에 지나치게 의존하면, 인간의 감성과 윤리적 판단이 배제될 위험이 있다. 이는 비인간적이고 기계적인 결정을 초래할 수 있으며, 사회적 신뢰를 저해할 수 있다.

결론적으로 데이터는 AI 정부의 힘을 가능하게 하는 원천이다. 하지만, 동시에 그 힘을 제한하는 아킬레스건이 될 수 있다. 데이터의 편향성, 정확성, 프라이버시와 보안, 갱신의 필요성, 해석과 활용 방식, 그리고 지나친 의존성 문제는 모두 AI 정부가 직면한 주요 도전 과제들이다. AI 정부의 성공을 위해서는 이러한 데이터의 한계와 문제들을 철저히 이해하고, 이를 극복하기 위한 노력이 필요하다. 데이터의 질과 신뢰성을 확보하고, 프라이버시를 보호하며, 인간의 판단과 윤리적 고려를 통합하는 것이 AI 정부의 지속 가능한 발전을 위한 필수 요소다. 데이터는 AI 정부의 혈액이지만, 그 혈액이 건강하고 순환이 원활하게 이루어질 때 비로소 AI 정부는 그 진정한 잠재력을 발휘할 수 있을 것이다.

05
국민에 체감되는 AI 정부로 거듭나기

인류 역사를 돌아보면, 정부 형태와 운영 방식은 끊임없이 변화해 왔다. 이제 다시 혁신의 전환점에 서 있다. 정부 운영의 새로운 패러다임을 제시해야 한다. 과연 인공지능이 관료주의를 타파하고 정부 혁신의 촉매가 될 수 있을까? AI 정부는 단순히 기술 도입이 아니다. 국민과 함께 만들어 가는 사회 시스템이다. 선량한 AI 정부로서 기술을 어떻게 개발 · 활용할지, 사회적 변화에 어떻게 대비할지, 윤리적 기준은 무엇인지 등의 질문에 국민이 납득할 정도의 현명한 답을 제시해야 한다.

AI 정부, 거듭날 수 있을까?

인체를 지탱하는 뼈대처럼, 관료제는 정부의 골격을 이루는 주축이다. 관료제는 운영 과정에서 의도하지 않은 부작용이 발생한다. '관료주의'다. 정부의 고질병으로 인식되는 관료주의는 복잡한 행정 절차와 규제, 느린 의사결정 과정, 그리고 비효율성으로 종종 비판받아 왔다. 이러한 문제들은 정부의 효율성을 저하하고, 시민들의 신뢰를 떨어뜨리며, 공공 서비스의 질을 저해한다. 그런데 AI는 관료주의적 문제들을 해결할 수 있는 강력한 도구로 부상하고 있다.

사실 관료제는 오랜 시간 동안 정부 운영의 필수 요소로 자리 잡아 왔다. 실제로 규칙과 절차를 중시하는 관료제는 조직의 안정성과 일관성을 보장하는 데 기여했다. 하지만 당초 의도와 달리 무사안일, 부처 이기주의, 비밀주의, 비효율성과 경직성 등 문제점도 야기하였다. 현대 사회가 점점 더 복잡해지고 빠르게 변화함에 따라 관료주의적 구조는 점점 더 시대에 뒤떨어진 것으로 여겨지고 있다. 이러한 맥락에서 인공지능이 정부 혁신의 촉매제로서 관료주의를 타파할 수 있을지에 대한 논의는 매우 중요하다.

먼저, 인공지능은 방대한 데이터를 처리하고 분석하

는 능력으로 인해 정부 운영의 효율성을 크게 향상할 수 있다. 전통적인 관료주의는 문서 작업과 복잡한 절차로 인해 시간과 자원을 낭비하는 경우가 많았다. AI는 이러한 문서 작업을 자동화하고, 데이터를 실시간으로 분석하여 신속하고 정확한 의사 결정을 지원할 수 있다. 가령, 연말정산을 비롯하여 세금 신고와 같은 반복적인 작업은 AI를 통해 자동화될 수 있다. 이는 납세자의 편의 증진은 물론 공무원들이 보다 중요한 정책 결정과 같은 창의적인 업무에 집중할 수 있게 한다.

AI는 의사 결정 과정에서 데이터 기반의 과학적 접근을 가능하게 한다. 전통적 관료주의는 종종 인간의 주관적 판단과 정치적 고려에 의해 좌우된다. 그러나 AI는 방대한 데이터를 분석하고, 다양한 변수와 시나리오를 고려하여 최적의 결정을 도출할 수 있다. 예를 들어, 교통 정책을 수립할 때 AI가 실시간 교통 데이터를 분석하여 혼잡을 줄이고 효율성을 극대화할 수 있는 최적의 경로와 시간대를 제안할 수 있다. 이는 객관적이고 공정한 정책 결정을 가능하게 하여, 관료주의적 편향성을 줄일 수 있다.

그리고 AI는 공공 서비스의 맞춤형 제공을 가능하게 한다. 개인의 필요와 상황에 맞추어 최적의 서비스를 제공하는 것은 AI의 강력한 능력 중 하나다. 예컨대, 의료 분야에서 AI는 환자의 병력과 유전자 정보를 분석하여 개인 맞춤형 치료 계획을 수립할 수 있다. 이는 의료 서비스의 질을 향상하고, 불필요한 의료 비용을 절감하는 데 큰 도움이 될 수 있다. 맞춤형 공공 서비스는 시민들의 만족도를 높이고, 정부의 효율성을 증대시킬 수 있다.

또한 AI는 관료주의적 절차의 투명성을 높이는 데 기여할 수 있다. 관료주의의 문제는 절차의 복잡성과 불투명성으로 인해 부패와 비리가 발생할 수 있다는 점이다. AI를 활용하면 모든 절차가 디지털화되고 기록되며, 이는 투명성을 높이고 부패의 가능성을 줄일 수 있다. 예컨대, 정부 및 공공조달 계약 체결 과정에서 AI가 입찰 과정을 모니터링하고 분석하여 부정행위를 감지하고 예방할 수 있다. 이는 공정한 경쟁을 보장하고, 국민들의 정부 신뢰를 회복하는 데 도움이 된다.

AI는 정부의 대응 속도를 크게 향상할 수 있다. 전통적인 관료주의는 복잡한 절차로 인해 긴급 상황에 신속하게 대응하기 어렵다. 반면, AI는 실시간 데이터를 분석하고, 이를 바탕으로 즉각적인 대응 방안을 제시할 수 있다. 가령, 자연재해 발생 시 AI는 실시간으로 피해 상황을 분석하고, 최적의 대응 전략을 수립하여 신속한 구호 활동을 지원할 수 있다. 이는 시민들의 안전과 생명을 보호하는 데 크게 기여할 것이다.

이처럼 AI는 관료주의를 타파하고 정부 혁신의 촉매제가 될 수 있는 강력한 잠재력을 가지고 있다. 데이터 처리와 분석, 자동화된 의사 결정, 투명성 확보 등 AI의 다양한 기능은 정부의 효율성을 극대화하고, 시민들에게 더 나은 서비스를 제공하는 데 기여할 수 있다. 그러나, 이러한 가능성을 현실로 구현하기 위해서는 막대한 비용, 기존 조직의 저항, 공정성과 윤리성 문제, 데이터 보안과 프라이버시 보호 등 다양한 도전 과제를 극복해야 한다. AI는 관료주의를 타파하는 도구일 뿐만 아니라 그 자체로 새로운 혁신을 이끌어 낼 수 있는 잠재력을 지니고 있다. 우리는 AI의 잠재력을 최대한 활용하여, 보다 효율적이고 투명한 정부를 만들어 나가야 할 것이다.

AI로 정부 거듭나기: 국민에게 체감되는 비법

세상이 빠르게 변화하는 가운데, 정부도 더 이상 예외일 수 없다. 정부는 시대의 흐름에 맞춰 혁신해야 한다. 그 혁신의 중심에 인공지능이 자리 잡고 있다. AI는 데이터 분석과 자동화를 통해 행정 절차를 간소화하고, 효율성을 극대화할 수 있는 잠재력을 지니고 있다. 그러나 이러한 혁신이 국민들에게 실질적으로 체감되려면 구체적인 실천 방안이 필요하다. 동시에, 이 과정에서 직면할 수 있는 한계도 명확히 이해하고 극복해야 한다.

먼저, 국민들이 AI를 통해 정부 혁신을 체감하기 위해서는 일상생활에서 AI의 혜택을 직접 경험할 수 있어야 한다. 이를 위해 가장 먼저 필요한 것은 공공 서비스의 디지털화다. 시민들이 자주 이용하는 서비스, 예를 들어 세금 납부, 주민 등록 등·초본 발급, 복지 신청 등을 온라인 플랫폼을 통해 간편하게 처리할 수 있도록 해야 한다. AI 기반의 챗봇이나 가상 비서가 이러한 서비스를 24시간 제공한다면, 시간과 장소에 구애받지 않고 편리하게 이용할 수 있을 것이다.

둘째, AI를 통한 맞춤형 서비스 제공이 필요하다. AI는 개인의 상황과 필요를 분석하여 최적의 솔루션을 제시할 수 있다. 가령, AI는 개인의 건강 정보를 분석하여 맞춤형 의료 서비스를 추천하거나 개인의 재정 상태를 분석하여 적절한 복지 혜택을 안내할 수 있다. 이러한 맞춤형 서비스는 국민들에게 실질적인 도움을 주며, AI 혁신의 효과를 체감하게 할 수 있다.

셋째, 행정 절차의 투명성과 효율성을 높이는 것이 중요하다. AI는 복잡한 행정 절차를 간소화하고, 데이터 분석을 통해 최적의 의사 결정을 지원할 수 있다. 가령, 교통 데이터를 분석하여 교통 체증을 줄이는 정책을 수립하거나 환경 데이터를 활용하여 지속 가능한 개발 계획을 세울 수 있다. 이는 국민들이 일상생활에서 직접적인 변화를 경험하게 하며, 정부에 대한 신뢰를 높이는 데 기여할 것이다.

국민이 체감하는 AI 정부로 거듭나는 길, 어렵고 험난한 과정이다. 여러 한계를 극복해야 한다. 첫째, 디지털 격차 문제다. 모든 국민이 AI와 디지털 기술을 이용할 수 있는 것은 아니다. 특히, 고령층이나 디지털 기술에 익숙하지 않은 계층은 이러한 변화에서 소외될 수 있다. 이를 해결하기 위해 디지털 교육과 지원 프로그램이 필요하다. 누구나 쉽게 접근하고 이용할 수 있도록 사용자 친화적인 플랫폼을 개발하는 것도 중요하다.

둘째, 개인정보 보호와 보안 문제다. AI 혁신이 이루어지기 위해서 방대한 양의 개인 데이터가 필요하다. 그러나 이러한 데이터가 적절히 보호되지 않으면 개인정보 유출이나 악용의 위험성이 상존한다. 이를 방지하기 위해서 강력한 보안 시스템과 개인정보 보호 정책이 필요하다. 또한 데이터 수집과 활용 과정에서 투명성을 유지하고, 시민들의 동의를 얻는 것이 중요하다.

셋째, AI의 윤리성과 공정성 문제다. AI 알고리즘은 학습 데이터에 따라 편향될 수 있다. 이는 공정하지 않은 결과를 초래할 수 있다. 가령, 특정 집단에게 불리하게 작용하는 결정이 내려질 수 있다. 이를 해결하기 위해 AI 알고리즘의 공정성을 지속적으로 검토하고, 편향성을 최소화하기 위한 노력이 필요하다. 또한 AI의 결정 과정에 인간의 윤리적 판단을 반영할 수 있는 시스템을 구축해야 한다.

마지막으로, 기존 관료 조직의 저항 문제다. AI를 통한 혁신은 기존의 업무 방식과 구조를 변화시킬 것이다. 이러한 변화 과정에서 관료들의 저항이 나타날 수 있다. 이러한 저항은 혁신의 속도와 방향에 장애가 된다. 이를 극복하기 위해 충분한 교육과 소통, 그리고 변화에 대한 명확한 비전 제시가 필요하다. 관료들이 AI 혁신의 필요성과 혜택을 이해하고, 자발적으로 참여할 수 있도록 유도하는 것이 중요하다.

결론적으로, AI를 통한 정부 혁신은 국민들에게 실질적으로 체감될 수 있는 강력한 도구다. 이를 위해서는 공공 서비스의 디지털화, 맞춤형 서비스 제공, 행정 절차의 투명성과 효율성 제고 등 구체적인 실천 방안이 필요하다. 그러나 디지털 격차, 개인정보 보호, AI의 윤리성과 공정성, 기존 관료 조직의 저항 등 여러 한계를 극복해야 한다. 이러한 도전 과제들을 해결하면서 AI 혁신을 추진한다면, 국민들은 더 나은 정부 서비스를 체감하게 될 것이다. 궁극적으로 정부에 대한 신뢰와 만족도를 높이는 데 기여할 것이다. AI는 정부 혁신의 촉매제로서, 시민의 삶을 더 편리하고 풍요롭게 만드는 데 중요한 역할을 할 것이다.

06
인공지능과 정책 과정

AI 기반 정책 과정은 어떠한 모습일까? 인공지능과 정책 과정의 결합은 단순한 기술 도입을 넘어선다. 정책 패러다임의 근본적 혁신을 도모할 수 있다. 인공지능이 공공 문제 해결과 공적 가치 창출에 유능한 정부의 가능 인자(enabler)로 인정받고 있다. 정책의 투명성을 높이고, 국민 참여를 확대하며, 더욱 효과적인 정책 결정과 집행, 평가를 지원한다. 하지만 동시에 인공지능의 오남용, 알고리즘 편향 등 해결 과제도 상존한다. 그 가능성과 도전적 과제를 세심하게 살펴야 한다.

인공지능과 정부의 정책 과정: 결정-집행-평가의 가능성과 한계

현대 사회의 복잡한 문제들을 해결하기 위해서 정부의 정책 결정 과정이 더 효율적이고 정확해야 한다. 인공지능은 이러한 정책 과정에서 중요한 잠재력을 지니고 있다. 그러나 가능성과 함께 여러 한계도 존재한다. 이 장에서는 정책 결정, 집행, 평가를 중심으로 살펴보고자 한다.

먼저, AI의 등장은 정책 결정 과정에 새로운 패러다임을 제시한다. 전통적인 정책 결정은 주로 인간의 경험과 직관에 의존해 왔다. 그러나 AI는 방대한 양의 데이터를 분석하고 패턴을 발견하며, 이를 바탕으로 과학적이고 정밀한 예측을 가능하게 한다. 가령, AI는 경제 데이터를 분석하여 경기 침체를 예측하고, 적절한 경제 정책을 수립하는 데 큰 도움을 줄 수 있다. 이러한 예측 능력은 정책 결정의 정확성을 크게 높이며, 보다 효과적인 해결책을 제시할 수 있다.

또한 AI는 정책 결정의 효율성을 극대화할 수 있다. 전통적인 정책 결정 과정은 여러 단계의 검토와 승인을 거치며 시간이 많이 소요된다. 그러나 AI는 실시간으로 데이터를 분석하고, 다양한 시나리오를 시뮬레이션하여 최적의 결정을 도출할 수 있다. 실례로, 교통 정책을 수립하는 경우, AI는 실시간 교통 데이터를 분석하여 혼잡 구역을 식별하고, 즉각적인 교통 흐름 개선 방안을 제시할 수 있다. 이는 정책 결정 과정을 신속하고 효율적으로 만드는 데 큰 도움을 준다.

AI는 맞춤형 정책을 통해 시민들의 다양한 요구를 충족시킬 수 있다. 기존 정책은 일반적으로 모든 시민에게 동일하게 적용되며, 개인의 다양한 필요와 상황을 반영하기 어렵다. 그러나 AI는 개인의 데이터를 분석하여 맞춤형 정책을 제공할 수 있다. 가령, AI는 개인의 건강데이터를 분석하여 맞춤형 의료 서비스를 제공하거나 개인의 재정 상태를 분석하여 적절한 복지 혜택을 안내할 수 있다. 이러한 맞춤형 정책은 시민들의 만족도를 높이고, 정부의 신뢰 회복과 증진에 기여할 것이다.

그러나 AI의 활용에는 한계도 있다. 첫째, 데이터의 질과 신뢰성 문제가 있다. AI는 주어진 데이터를 기반으로 학습하고 결정을 내리므로, 데이터가 부정확하거나 편향되면 AI의 분석 결과도 왜곡될 수 있다. 예를 들어 특정 사회 집단의 데이터가 불충분하거나 편향되어 있다면, AI는 공정하지 않은 정책을 제안할 수 있다. 둘째,

AI의 예측 모델은 복잡한 사회적 · 경제적 · 정치적 요인을 모두 고려하지 못할 수 있다. 인간의 경험과 직관, 윤리적 판단이 필요한 결정 상황에서는 AI의 한계가 드러날 수 있다.

AI 정부의 정책 결정 과정은 혁신과 신뢰의 균형을 맞추는 여정이다. AI는 방대한 데이터 분석과 예측, 맞춤형 정책 제공 등을 통해 정책 결정의 효율성과 효과성을 극대화할 수 있다. 그러나 데이터의 질과 신뢰성, 편향성과 공정성, 개인정보 보호와 보안, 디지털 격차 등 여러 한계를 극복해야 한다. 이러한 도전 과제들을 해결하면서 AI를 적절히 활용한다면, AI는 정책 결정의 혁신을 이끌어 내고, 보다 나은 사회를 만들어 나가는 데 중요한 역할을 할 것이다.

다음, 정책 집행에서의 AI 활용 가능성과 한계다. 인공지능은 시민의 삶을 근본적으로 변화시키고 있다. 그 중 정부의 정책 집행 과정에서 AI의 역할은 특별한 주목을 받고 있다. AI를 활용한 정책 집행은 전통적인 방식의 한계를 극복하고, 보다 효율적이고 투명한 정부 운영을 가능하게 한다.

AI는 정책 집행 과정에서 효율성을 극대화할 수 있다. 전통적인 행정 절차는 복잡하고 시간이 많이 소요되며,

많은 인력이 필요하다. 그러나 AI 기반의 자동화 시스템은 이러한 절차를 간소화하고 신속하게 처리할 수 있다. 예컨대, AI는 복잡한 서류 작업을 자동화하여 공무원들이 보다 중요한 업무에 집중할 수 있도록 한다. 이는 행정 비용을 절감하고, 정책 집행의 속도와 정확성을 높이는 데 큰 도움이 된다.

또한 AI는 실시간 데이터를 분석하여 상황에 맞는 정책을 즉각적으로 실행할 수 있다. 가령, 교통 관리 정책에서는 AI가 실시간 교통 데이터를 분석하여 교통 체증이 발생하는 지역을 파악하고, 즉각적인 교통 신호 조정이나 대체 경로 제안을 통해 혼잡을 완화할 수 있다. 이는 교통 흐름을 원활하게 하고, 시민들의 이동 시간을 단축하는 데 기여한다.

또한 AI는 정책 집행 과정에서 맞춤형 서비스를 제공할 수 있다. 그동안의 정책은 일반적으로 모든 시민에게 동일하게 적용되지만, AI는 개인의 데이터를 분석하여 각 개인의 상황에 맞는 맞춤형 서비스를 제공할 수 있다. 예를 들어, AI는 개인의 건강 데이터를 분석하여 맞춤형 건강 관리 프로그램을 제공하거나 개인의 재정 상태를 분석하여 적절한 사회 복지 혜택을 안내할 수 있다. 이는 시민들의 삶의 질을 향상하고, 정부의 신뢰를 증진하는 데 기여할 것이다.

AI는 정책 집행 과정의 투명성과 신뢰성을 강화할 수 있다. AI 시스템은 데이터를 기반으로 객관적이고 일관된 결정을 내리기 때문에, 정책 집행 과정에서 발생할 수 있는 인간의 오류나 편향을 최소화할 수 있다. 또한 AI는 정책 집행 과정의 모든 단계를 기록하고 모니터링할 수 있어, 투명한 행정 운영을 가능하게 한다. 이는 시민들에게 정부의 신뢰성을 높이는 데 중요한 역할을 한다.

예를 들어, AI는 복지 혜택 신청 과정을 자동화하여 모든 신청자가 공정하고 투명하게 심사받을 수 있도록 한다. 이를 통해 불필요한 행정 절차를 줄이고, 신청자들이 신속하게 혜택을 받을 수 있게 된다. 또한 AI는 정책 집행 과정에서 발생하는 데이터를 분석하여, 정책의 효과를 실시간으로 평가하고 개선할 수 있는 피드백을 제공한다. 이는 정책의 품질을 지속적으로 향상하는 데 기여한다.

하지만 AI의 자동화 시스템은 기술적 문제와 인간의 통제 부족으로 인한 위험을 동반할 수 있다. 예를 들어 복잡한 상황에서 AI 시스템이 오류를 일으키거나 예기치 못한 상황에 적절히 대응하지 못할 경우 심각한 문제가 발생할 수 있다. 또한 AI에 의한 자동화가 과도하게 진행되면, 인간의 개입이 필요한 중요한 결정 상황에서 적절한 판단이 이루어지지 않을 위험이 있다.

이 외에도 AI 기반의 정책 집행에는 여러 한계와 도전이 존재한다. 첫째, 기술적 한계와 인프라 문제다. AI 시스템을 구축하고 유지하는 데 막대한 비용이 필요하며, 기술적 결함이 발생할 경우 정책 집행이 중단될 수 있다. 또한 모든 지역에서 동일한 수준의 인프라를 갖추는 것은 쉽지 않으며, 이는 디지털 격차를 초래할 수 있다.

둘째, 개인정보 보호와 보안 문제다. AI는 방대한 양의 개인 데이터를 수집하고 분석한다. 이는 개인정보 유출과 악용의 위험을 초래할 수 있다. 따라서 강력한 보안 시스템과 개인정보 보호 정책이 필요하다. 예를 들어, AI 기반의 의료 서비스에서 개인의 건강 데이터가 유출될 경우, 이는 개인의 사생활을 심각하게 침해할 수 있다.

셋째, 사회적 수용성 문제다. AI의 도입은 기존의 행정 시스템과 관행을 크게 변화시킬 수 있으며, 이는 공무원과 시민들 사이에서 저항을 불러일으킬 수 있다. 따라서 AI 도입 과정에서 공무원과 시민들의 이해와 협력을 구하고, 충분한 교육과 지원을 제공하는 것이 중요하다.

한편, 정부의 정책 평가는 정책이 실제로 얼마나 효과적으로 실행되었는지, 목표를 얼마나 달성했는지를 측정하는 중요한 과정이다. 전통적인 정책 평가는 주로 인간의 직관과 경험, 제한된 데이터에 의존해 왔지만, 인공지능의 도입은 정책 평가의 방식과 결과를 근본적으로 변화시킬 잠재력을 지니고 있다.

AI의 등장은 정책 평가에 새로운 패러다임을 제시한다. 전통적인 방식의 한계는 평가 과정에서 발생하는 주관성, 시간 소요, 데이터 분석의 제한 등이다. AI는 방대한 데이터를 실시간 분석하고, 복잡한 패턴을 발견하여 보다 객관적이고 정밀한 평가를 가능하게 한다. 예를 들어, AI는 교육 정책의 효과를 분석하기 위해 학생들의 성취도, 출석률, 학습 환경 등 다양한 데이터를 종합적으로 분석하고, 이를 바탕으로 정책의 성과를 평가할 수 있다. 이러한 분석 능력은 정책의 실제 효과를 보다 정확하게 파악하는 데 큰 도움이 된다.

AI는 실시간 데이터 분석을 통해 정책 평가의 신속성과 정확성을 크게 향상할 수 있다. 전통적인 정책 평가는 주로 사후 평가에 의존하며, 정책 시행 후 일정 기간이 지난 후에야 평가가 이루어지는 경우가 많다. 그러나 AI는 정책 시행 중에도 실시간으로 데이터를 분석하고, 그 결과를 바탕으로 즉각적인 피드백을 제공할 수 있다. 예를 들어, 교통 정책의 경우 AI는 실시간 교통 데이터를 분석하여 정책이 시행된 이후 교통 흐름의 변화를 평가하고, 필요한 경우 즉각적인 조정 방안을 제시할 수 있다. 이는 정책의 신속한 개선과 최적화를 가능하게 한다.

AI는 맞춤형 평가를 통해 다양한 이해관계자들에게 개인화된 인사이트를 제공할 수 있다. 전통적인 정책 평가는 주로 전체적인 성과를 평가하는 데 초점을 맞추지만, AI는 개별적인 데이터 분석을 통해 각 이해관계자에게 맞춤형 평가 결과를 제공할 수 있다. 예를 들어, AI는 건강 정책의 효과를 평가할 때, 개인의 건강 데이터를 분석하여 각 개인의 건강 상태 변화와 정책의 영향을 구체적으로 평가할 수 있다. 이는 보다 정밀하고 세부적인 평가를 가능하게 하며, 정책의 효과를 다양한 관점에서 분석하는 데 큰 도움이 된다.

또한 AI는 정책 평가 과정의 투명성과 신뢰성을 강화할 수 있다. AI 기반 평가 시스템은 데이터를 기반으로 객관적이고 일관된 평가를 제공하므로, 평가 과정에서 인간 편향이나 오류를 최소화할 수 있다. 더욱이 AI는 평가 과정의 모든 단계를 기록하고 모니터링할 수 있어, 평가 결과의 투명성을 높일 수 있다. 이는 시민들에게 정부의 신뢰성을 높이는 데 중요한 역할을 한다. 가령, AI는 복지 정책의 평가 과정에서 모든 데이터를 투명하게 공개하고, 시민들이 평가 과정과 결과를 쉽게 이해할 수 있도록 설명할 수 있다. 이는 정책 평가의 공정성과 신뢰성을 높이는 데 기여할 것이다.

이처럼 정책 평가 단계에서 AI는 매우 유용할 수 있다. AI는 정책 집행 결과를 실시간으로 모니터링하고, 데이터를 분석하여 정책의 효과성을 평가할 수 있다. 이를 통해 정책의 성과를 객관적으로 측정하고, 필요한 개선점을 신속하게 파악할 수 있다. 예를 들어 교육 정책의 효과를 평가할 때 AI는 학생들의 학업 성취도, 출석률, 만족도 등의 데이터를 분석하여 정책의 성과를 평가하고 더 나은 정책 방향을 제안할 수 있다.

그러나 정책 평가에서도 AI의 한계는 존재한다. 평가 과정에서 사용하는 데이터가 불완전하거나 편향될 경우, AI의 평가 결과도 신뢰할 수 없다. 또한, 정책의 사회적, 문화적 영향을 평가하는 데 AI는 한계가 있을 수 있다. 인간의 복잡한 행동과 감정을 완전히 이해하고 평가하는 것은 현재의 AI 기술로는 어려운 일이다. 따라서 AI의 평가 결과를 보완하기 위해 인간의 질적 평가와 결합하는 것이 필요하다.

이처럼 AI는 정부의 정책 결정, 집행, 평가의 각 단계에서 혁신적인 변화를 가져올 잠재력을 가지고 있다. 방대한 데이터 분석을 통해 정확한 정책 결정을 지원하고, 자동화 시스템을 통해 정책 집행의 효율성을 높이며, 객관적인 데이터 분석을 통해 정책의 성과를 평가할 수 있다. 그러나 데이터의 질과 신뢰성 문제, 기술적 한계, 인간을 이해하는 경험과 윤리적 판단의 부족 등 여러 한계도 존재한다.

이러한 한계를 극복하기 위해서는 AI와 인간의 협력이 중요하다. AI는 데이터를 기반으로 한 정확한 분석과 예측을 제공하지만, 인간은 경험과 직관, 윤리적 판단을 통해 AI의 한계를 보완할 수 있다. AI와 인간의 협력을 통해 더욱 효율적이고 공정한 정책 결정을 이루어낼 수 있다. 미래의 정책 과정에서 AI는 중요한 도구가 될 것이며, 이를 통해 보다 나은 사회를 만들어 나가는 데 기여할 것이다.

문제 해결과 가치 창출에 유능한 정부

AI는 방대한 데이터를 분석하고, 복잡한 문제를 해결하는 데 있어 강력한 능력이 있다. 정부는 매일 수많은 데이터를 생성하고 관리한다. 이러한 데이터는 정책 결정의 중요한 자원이다. 하지만, 그 양이 방대하고 복잡하여 전통적인 방식으로는 효과적으로 활용하기 어렵다. AI는 이러한 데이터를 신속하게 처리하고 분석하여 유의미한 인사이트(Insight, 통찰력)를 도출할 수 있다. 가령 AI는 경제 지표, 사회적 트렌드, 인구 통계 등의 데이터를 분석하여 미래의 사회 변화를 예측하고, 이에 대응하는 정책을 수립하는 데 큰 도움을 줄 수 있다.

AI는 방대한 양의 데이터를 분석하여 복잡한 문제를 해결하는 데 뛰어난 능력을 발휘한다. 사회는 갈수록 복잡하고 다양한 문제들로 가득 차 있다. 빈곤, 실업, 환경오염, 건강 문제 등 다양한 이슈들이 서로 얽혀 있다. 이러한 난제들의 해결을 위해 무엇보다도 정확한 데이터 분석과 예측이 필요하다. AI는 방대한 데이터를 신속하고 정확하게 분석하여 문제의 근본 원인을 파악하고, 최적의 해결책을 제시할 수 있다. 예를 들어, AI는 환경 데이터를 분석하여 기후 변화의 패턴을 예측하고, 이에 따른 대응 방안을 마련할 수 있다.

복잡성과 불확실성, 불연속성이 심화되면서 전통적인 정책 결정 방식의 한계가 드러나고 있다. 이러한 상황에서, 인공지능은 문제 해결과 가치 창출에 있어 유능한 정부를 위한 새로운 가능성을 열어준다. AI 기반 정책 결정은 데이터 분석과 예측 능력을 통해 효율적이고 효과적인 결정을 내리는 데 중요한 역할을 할 수 있다.

AI 기반 정책 결정은 실시간 의사 결정을 가능하게 한다. 기존의 정책 결정 과정은 시간이 많이 소요된다. 또한 변화하는 상황에 신속하게 대응하기 어렵다. 반면, AI는 실시간 데이터를 분석하여 즉각적 피드백을 제공할 수 있다. 특히 긴급 상황에서 유용하다. 가령 자연재해가 발생했을 때, AI는 피해 상황을 신속하게 분석하고, 최적의 대응 방안을 제시할 수 있다. 이를 통해 신속하고 효율적인 대응이 가능해지며 인명과 재산 피해를 최소화할 수 있다.

또한 AI는 정책 결정의 공정성과 투명성을 높이는 데 기여할 수 있다. AI 알고리즘은 객관적인 데이터를 바탕으로 결정을 내리기 때문에, 인간의 주관적 판단이나 편견을 최소화할 수 있다. 이는 특히 복잡하고 민감한 사회적 문제를 다룰 때 중요하다. 가령 복지 혜택을 분배할 때, AI는 다양한 기준을 공정하게 적용하여 수혜자를 선정할 수 있다. 이는 불공정한 혜택 분배로 인한 사회적 불만을 줄이고, 정부에 대한 신뢰를 높이는 데 기여할 것이다.

AI 기반 정책 결정은 정부 효율성을 극대화할 수 있다. 행정 절차의 자동화는 공무원들의 업무 부담을 줄이고, 보다 중요한 업무에 집중할 수 있게 한다. 가령, 서류 처리와 같은 반복적 업무는 AI를 통해 자동화할 수 있다. 이는 시간과 비용을 절감하고, 행정 서비스를 보다 신속하고 정확하게 제공할 수 있게 한다. 또한 AI는 자원 배분을 최적화하여 효율적인 행정 운영을 지원할 수 있다.

그러나 AI 기반 정책 결정에는 몇 가지 도전 과제와 한계가 존재한다.

첫째, 데이터의 질과 정확성이 중요하다. AI는 데이터에 기반하여 작동하기 때문에, 잘못된 데이터는 잘못된 결정을 초래할 수 있다. 따라서 데이터의 신뢰성을 확보하고 지속적으로 업데이트하는 것이 필수적이다.

둘째, AI의 공정성과 투명성을 유지하기 위한 노력이 필요하다. AI 알고리즘은 학습 데이터에 따라 편향될 수 있으며, 이는 공정하지 않은 결과를 초래할 수 있다. 이를 방지하기 위해서 AI의 의사 결정 과정을 철저히 검토하고, 편향성을 최소화하는 노력이 필요하다.

셋째, AI 기반 정책 결정에는 프라이버시와 보안 문제가 따른다. 방대한 양의 데이터를 수집하고 분석하는 과정에서 개인정보가 침해될 수 있다. 이를 방지하기 위해서 강력한 보안 시스템과 개인정보 보호 정책이 필요하다.

넷째, 기존 관료 조직의 저항도 무시할 수 없다. AI를 도입하는 과정에서 기존의 업무 방식과 구조가 변화하며, 이는 관료들의 저항을 초래할 수 있다. 이를 극복하기 위해서는 충분한 교육과 소통, 그리고 변화에 대한 명확한 비전 제시가 필요하다.

AI는 문제 해결과 가치 창출에 유능한 정부를 위한 강력한 도구가 될 수 있다. 방대한 데이터 분석과 예측 능력을 통해 보다 신속하고 신뢰할 수 있는 의사 결정을 가능하게 하며, 공정성과 투명성을 보장할 수 있다. 그러나 AI 기반 정책 결정의 성공을 위해서는 데이터의 품질과 신뢰성, 공정성과 윤리성, 개인정보 보호와 보안, 시민들의 신뢰와 수용 등 다양한 도전 과제를 해결해야 한다. 이러한 과제들을 극복하면서 AI를 적극적으로 활용한다면, 정부는 더욱 효율적이고 효과적인 정책 결정을 통해 국민에게 실질적 혜택을 제공할 수 있다. AI는 정부 혁신의 촉매제로서, 시민 삶을 더 나은 방향으로 변화시키는 데 중요한 역할을 할 것이다.

장차 인공지능 전환 시대를 맞이하여 공공의 문제 해결과 가치 창출에 유능한 AI 정부를 구현하려면 다음과 같은 핵심 조건들을 충족해야 한다.

첫째, 데이터 기반 의사 결정이다. AI는 방대한 양의 데이터를 기반으로 학습하고 예측을 수행한다. 따라서 AI 정부를 구현하기 위해서는 정부가 보유한 데이터를 효과적으로 활용할 수 있는 기반을 마련해야 한다.

둘째, 책임 있는 AI 개발이다. AI는 편견, 차별, 오남용의 위험을 내포하고 있다. 따라서 AI 정부를 구현하기 위해서는 윤리적이고 책임 있는 AI 개발 및 활용을 위한 가이드라인을 마련해야 한다.

셋째, 인간 중심의 AI 구현이다. AI는 인간을 대체하는 것이 아니라 인간의 능력을 보완하고 증강하는 데 활용되어야 한다. 따라서 AI 정부를 구현하기 위해서는 인간과 AI의 협업을 위한 시스템과 교육 프로그램을 개발해야 한다.

넷째, 투명성과 신뢰를 확보해야 한다. AI 정부는 시민들에게 투명하게 운영되어야 하고, 시민들의 신뢰를 얻어야 한다. 따라서 AI 정부의 의사 결정 과정과 결과를 투명하게 공개하고, 시민들의 참여를 유도하는 방안을 마련해야 한다.

아울러 AI 정부를 구현하기 위해서는 다음과 같은 과제들을 해결해야 한다.

첫째, 기술적 과제로서 AI 기술은 아직 초기 단계에 있으며, 정부가 활용할 수 있는 수준의 성숙도를 갖추지 못한 경우가 많다. 따라서 AI 정부를 구현하기 위해서는 AI 기술의 발전과 정부 시스템과의 통합을 위한 노력이 필요하다.

둘째, 윤리적 과제로서 AI는 편견, 차별, 오남용의 위험을 내포하고 있다. 따라서 AI 정부를 구현하기 위해서는 윤리적이고 책임 있는 AI 개발 및 활용을 위한 가이드라인을 마련하고, 이를 시행할 수 있는 제도적 장치를 구축해야 한다.

셋째, 사회적 과제로서 AI 정부는 일자리 감소, 사회적 불평등 심화 등의 우려가 있다. 따라서 AI 정부를 구현하기 위해서는 이러한 우려를 해소하고, 모든 시민이 AI의 혜택을 누릴 수 있도록 사회 안전망을 구축해야 한다.

넷째, 정치적 과제로서 AI 정부는 정부의 권력 구조와 의사 결정 과정에 변화를 가져올 수 있다. 따라서 AI 정부를 구현하기 위해서 이러한 변화에 대한 논의와 합의를 도출하고, 정부 시스템을 개선해야 한다.

참고문헌

한세억(2022). 『국민이 갈망하는 인공지능정부 – 니체에게 띄우는 편지』. 박영사.

07
AI 정부의 윤리와 법적 문제: 깨끗하고 공정한 정부

현재의 정부는 고질병을 앓고 있다. 다름 아닌 '관료주의 병'이다. 역대 정부마다 병리 현상을 치유한답시고 개혁, 쇄신, 혁신을 추진했다. 하지만 공허한 구호에 머물렀다. 과연 인공지능은 관료주의를 극복할 수 있을까? 기술 발전은 효율성을 극대화하고, 정책 결정을 보다 정교하게 해 준다. 하지만, 기술만으로 충분하지 않다. 필요조건에 불과하기 때문이다. 진정 깨끗하고 공정한 AI 정부는 투명성과 공정성을 바탕으로 공직자 의식, 마음, 태도를 곧게 세우고, 모든 시민에게 동등한 기회를 제공할 때 가능하다.

깨끗한 AI 정부: 투명성과 신뢰의 정부

정부 역할은 무엇일까? 국민 삶을 향상하고 사회의 공정성과 정의를 유지하는 것이다. 이러한 목표를 달성하기 위해 정부는 투명하고 책임감 있게 운영되어야 한다. 하지만 역사적으로, 많은 정부가 비효율성과 부패, 불투명한 의사 결정 과정으로 인해 국민의 신뢰를 잃었다. 정부의 고질병은 물론 사회 문제를 해결하고 더 나은 사회의 건설을 위해, 인공지능은 정부 운영의 새로운 표준으로 등장하고 있다.

깨끗한 AI 정부의 비전

세상이 빠르게 변화하고 있는 오늘날, 기술의 발전은 일상뿐만 아니라 정부 운영 방식에도 큰 영향을 미치고 있다. 특히, 인공지능의 도입은 정부의 효율성과 투명성을 크게 향상할 잠재력을 지니고 있다. 그러나 기술이 단순히 효율성을 넘어 진정한 가치를 창출하기 위해서 '깨끗한 AI 정부'가 필요하다.

깨끗한 AI 정부는 투명성과 신뢰성을 바탕으로 한 정부다. AI는 방대한 데이터를 실시간으로 분석하고, 객관적인 결정을 내리며, 모든 절차를 투명하게 공개할 수 있는 잠재력이 있다. 이를 통해 정부의 효율성과 신뢰성을 높이고, 국민의 삶을 더욱 풍요롭게 만들 수 있다.

투명성의 강화

깨끗한 AI 정부의 첫째 조건은 투명성이다. 투명한 정부는 정책 결정과 집행 과정에서 시민들에게 명확한 정보를 제공한다. 이는 정부에 대한 신뢰 회복과 유지에 필수적이다. AI를 통한 정책 결정 과정에서 투명성을 확보하려면, AI 알고리즘과 데이터 사용 방식을 공개하고 이해하기 쉽게 설명해야 한다.

가령, 복지 혜택을 결정하는 AI 시스템이 있다면, 이 시스템이 어떤 데이터를 기반으로 어떻게 결정을 내리는지 시민들이 알 수 있도록 해야 한다. 이를 통해 시민들은 정부의 결정을 이해하고 신뢰할 수 있다. 또한 정책 집행 과정에서도 실시간 데이터와 결과를 공개하여, 정책의 효과를 시민들이 직접 확인할 수 있게 해야 한다. 이는 정책의 성공 여부를 투명하게 평가하고 필요시 즉각적인 개선을 가능하게 한다.

AI는 데이터 기반의 객관적인 결정을 가능하게 한다. 이는 정부의 정책 결정 과정에서 인간의 주관적 판단이나 편향성을 최소화할 수 있다. 예를 들어 AI는 각종 행정 절차를 자동화하고, 모든 단계를 기록하여 투명하게 공개할 수 있다. 이러한 시스템은 시민들이 정부의 의사 결정 과정을 쉽게 이해하고, 신뢰할 수 있도록 한다.

또한 AI는 실시간 데이터를 통해 정책의 효과를 평가하고 개선할 수 있는 피드백을 제공한다. 이는 정책의 실효성을 높이고, 불필요한 비용을 절감하는 데 큰 도움이 된다. 가령, AI는 공공 예산의 사용 내역을 실시간으로 모니터링하고, 예산 낭비를 막기 위해 즉각적인 경고를 발할 수 있다. 이러한 투명성은 국민의 신뢰를 높이고 정부 운영의 정당성을 강화한다.

깨끗한 AI 정부의 핵심은 투명성에 있다. 전통적인 정부 운영은 때로 복잡한 절차와 불투명한 결정 과정으로 인해 시민들의 불신을 초래하곤 한다. 그러나 AI는 데이터를 기반으로 한 객관적이고 투명한 의사 결정을 가능하게 한다. AI는 방대한 양의 데이터를 실시간으로 분석하여 공정하고 일관된 결정을 내리며, 이를 통해 모든 정책 과정이 투명하게 이루어질 수 있다.

정부 예산의 집행이나 공공 사업의 집행에서 투명성을 높이기 위해 AI는 모든 정책 및 사업의 집행 과정을 실시간으로 모니터링하고 분석할 수 있다. AI는 지출 항목별로 예산 사용 내역을 기록하고, 시민들이 이를 쉽게 확인할 수 있도록 공개할 수 있다. 이는 정부의 예산 사용에 대한 신뢰를 높이고, 부패를 방지하는 데 큰 도움이 된다.

시민 참여와 소통의 혁신

깨끗한 AI 정부는 시민 참여와 소통의 혁신을 통해 이루어진다. AI는 시민들의 의견을 수집하고 분석하여 정책 결정에 반영할 수 있다. 예를 들어, AI는 소셜 미디어와 다양한 온라인 플랫폼을 통해 시민들의 의견을 실시간으로 수집하고, 이를 분석하여 정책 결정 과정에 반영할 수 있다. 이는 시민들의 참여를 확대하고, 정부와 시민 간의 소통을 강화하는 데 중요한 역할을 한다.

또한 AI는 시민들에게 정책 정보를 쉽게 이해하도록 제공할 수 있다. 복잡한 정책 내용을 AI가 자동으로 요약하고, 시민들이 쉽게 접근할 수 있도록 웹사이트나 모바일 앱을 통해 제공하기 때문이다. 이는 시민들이 정부 정책에 대한 이해를 높이고, 참여를 촉진하는 데 기여한다.

개인정보 보호와 보안의 중요성

그러나 깨끗한 AI 정부를 구현하기 위해서는 개인정보 보호와 보안 문제를 해결해야 한다. AI는 방대한 양의 개인 데이터를 수집하고 분석하므로, 개인정보 유출과 악용의 위험이 존재한다. 따라서 강력한 보안 시스템과 개인정보 보호 정책이 필요하다. 예를 들어 AI 기반의 건강관리 시스템에서 개인의 건강 데이터가 유출될 경우, 개인의 사생활이 심각하게 침해될 수 있다. 따라서 데이터를 암호화하고 접근 권한을 엄격히 관리하며, 개인정보 보호를 위한 법적 제도를 마련하는 것이 중요하다. 이는 시민들의 신뢰를 유지하고, AI 정부의 지속 가능한 발전을 이루는 데 필수적인 요소다.

정부는 시민들을 대상으로 AI와 데이터 활용에 대한 교육 프로그램을 운영하고, 온라인 플랫폼을 통해 정책 제안과 의견을 수렴할 수 있다. 이를 통해 시민들은 AI 정부의 운영 방식에 대한 이해를 높이고 정책 결정 과정에 적극적으로 참여할 수 있다. 또한 시민들의 다양한 의견을 반영하여 정책을 개선함으로써, 보다 포괄적이고 깨끗한 AI 정부를 실현할 수 있다.

공정한 AI 정부: 정의와 평등의 지평

공정성의 필요성

공정한 정부는 모든 시민을 동등하게 대하고, 공정한 기회를 제공하는 것을 목표로 한다. 이는 법치주의의 핵심이자 민주 사회의 근간이다. AI는 방대한 데이터를 분석하고, 복잡한 의사 결정을 지원함으로써 이러한 목표를 달성하는 데 중요한 역할을 할 수 있다. 그러나 AI 시스템이 편향되거나 특정 그룹에게 불리하게 작용할 위험이 있으므로 공정성을 보장하는 것이 무엇보다 중요하다.

공정성은 모든 사회에서 중요한 가치다. 특히, 정부 운영에서 그 중요성은 더욱 크다. 공정한 정부는 모든 시민이 동등한 기회를 누리고, 정의로운 대우를 받으며, 차별 없이 혜택을 받을 수 있도록 보장한다. 오늘날 인공지능은 정부 운영의 효율성을 높이고 투명성을 강화할 수 있는 도구로 주목받고 있다. 그러나 AI가 진정으로 공정한 정부를 구현하기 위해서는 여러 가지 도전과 과제가 따른다.

편향성의 위험과 데이터의 중요성

AI 시스템의 공정성을 보장하기 위해서 데이터의 편향성을 최소화해야 한다. AI는 학습한 데이터를 기반으로 결정을 내리기 때문에, 만약 데이터 자체가 편향되어 있다면 AI의 결정도 편향될 수밖에 없다. 예를 들어, 과거의 채용 데이터가 특정 성별이나 인종에 대해 차별적이었다면, 이를 기반으로 학습한 AI는 동일한 차별을 재현할 가능성이 크다.

따라서 공정한 AI 정부를 구현하기 위해서는 다양한 배경과 특성을 반영한 포괄적인 데이터를 사용하는 것이 중요하다. 이는 데이터 수집 과정에서부터 철저한 검토와 조정이 필요하며, AI 알고리즘의 지속적인 모니터링과 개선이 요구된다. 또한 데이터의 품질을 높이고 편향성을 최소화하기 위한 기술적, 제도적 노력이 필요하다.

공정성의 기초: 데이터의 정확성과 다양성

공정한 AI 정부의 필요조건은 데이터의 질과 다양성이다. AI는 방대한 데이터를 분석하여 결정을 내리기 때문에, 데이터가 편향되지 않고 다양한 집단을 공평하게 반영해야 한다. 데이터가 특정 집단에 치우치거나 부정확할 경우, AI의 판단도 왜곡될 수 있다.

예를 들어, 교육 정책을 평가하는 AI 시스템이 있다고 가정해보자. 만약 시스템이 특정 지역이나 학교의 데이터만을 바탕으로 한다면, 그 결과는 전체 교육 시스템을 대표하지 못할 것이다. 따라서 공정한 AI 정부를 구현하기 위해서는 모든 지역, 모든 계층의 데이터를 포괄적으로 수집하고 분석하는 것이 중요하다. 이는 데이터의 질을 높이고, 다양한 관점을 반영하여 보다 공정한 결정을 내릴 수 있게 한다.

AI 시스템은 방대한 양의 데이터를 분석하여 결정을 내린다. 따라서, 데이터가 정확하고 다양한 배경과 특성을 반영해야 공정한 결정을 내릴 수 있다. 잘못된 데이터나 편향된 데이터는 왜곡된 결과를 초래할 수 있다. 가령 교육 정책을 수립하는 AI 시스템이 있다면, 다양한 지역과 학교의 데이터를 포함시켜야 한다. 그렇지 않으면 특정 지역이나 학교의 상황만 반영된 결정을 내릴 위험이 있다. 데이터의 다양성을 확보하기 위해서 다양한 출처의 데이터를 수집하고, 지속적으로 업데이트해야 한다. 또한 데이터의 품질을 검증하고 오류를 최소화하기 위한 노력이 필요하다.

알고리즘의 투명성과 책임성

공정한 AI 정부의 구현을 위해 알고리즘의 투명성과 책임성이 필요하다. AI 시스템은 복잡한 알고리즘을 통해 작동하며, 정부는 이러한 알고리즘이 어떻게 작동하는지 명확하게 이해하고 설명할 수 있어야 한다. 투명한 알고리즘은 정부의 결정 과정에 대한 신뢰를 높이고, 시민들이 그 과정을 이해하고 검증할 수 있게 한다. 특히 사회 복지 혜택을 결정하는 AI 시스템의 알고리즘이 어떻게 작동하는지 시민들에게 공개하고 설명하는 것이 중요하다. 이는 시민들이 정부의 결정이 공정하고 합리적이라는 것을 믿게 하며, 필요시 오류나 개선점을 제안할 수 있게 한다. 또한 알고리즘의 책임성을 확보하기 위해 AI 시스템의 운영과 결과에 대한 모니터링과 피드백 시스템을 구축해야 한다. 이를 통해 잘못된 결정이 내려졌을 때 신속하게 수정하고 개선할 수 있다.

차별 방지와 평등한 대우

공정한 AI 정부를 위해 차별 방지와 평등한 대우가 필요하다. AI가 편향된 데이터를 학습할 경우, 특정 집단에 불리한 결정을 내릴 수 있다. 따라서 AI 시스템을 설계하고 운영할 때 차별적 요소를 제거하고, 모든 시민이 평등하게 대우받을 수 있도록 해야 한다.

예컨대, 채용 과정에서 AI를 활용할 경우, 성별, 인종, 연령 등의 요소가 공정하게 반영되는지 철저히 검토해야 한다. 이를 위해 AI 시스템의 편향성을 지속적으로 모니터링하고, 필요시 알고리즘을 수정하는 과정을 거쳐야 한다. 또한 다양한 배경과 특성을 가진 전문가들이 AI 시스템의 개발과 운영에 참여하여 보다 공정한 시스템을 구축해야 한다.

사회적 포용과 참여: 모두를 위한 AI

공정한 AI 정부는 모든 시민에게 동등한 기회를 제공하고, 사회적 포용을 실현하는 것을 목표로 한다. 이를 위해 사회적 약자와 소외된 계층을 보호하고 지원하는 정책이 필요하다. AI는 이들의 목소리를 반영하고, 필요로 하는 지원을 제공할 수 있어야 한다.

가령 AI 기반의 사회 복지 정책은 소외된 계층의 데이터를 분석하여, 이들이 필요한 지원을 정확히 파악하고 제공할 수 있다. 또한 시민들이 정책 결정 과정에 적극적으로 참여할 수 있는 환경을 조성해야 한다. 이를 통해 다양한 의견을 반영하고, 보다 포괄적이고 공정한 정책을 실현할 수 있다.

지속적인 교육과 발전: 공정성을 향한 노력

공정한 AI 정부를 구현하기 위해서 지속적인 교육과 발전이 필요하다. AI 기술과 그 활용 방식에 대한 이해를 높이기 위해 시민들에게 교육 기회를 제공하고, 정책 결정 과정에 적극적으로 참여할 수 있는 환경을 조성해야 한다. 이는 AI 정부의 투명성과 공정성을 높이는 데 기여한다.

예를 들어, 정부는 시민들을 대상으로 AI와 데이터 활용에 대한 교육 프로그램을 운영하고, 온라인 플랫폼을 통해 정책 제안과 의견을 수렴할 수 있다. 이를 통해 시민들은 AI 정부의 운영 방식에 대한 이해를 높이고, 정책 결정 과정에 적극적으로 참여할 수 있다. 또한 시민들의 다양한 의견을 반영하여 정책을 개선함으로써 보다 포괄적이고 공정한 AI 정부를 실현할 수 있다.

참고문헌

한세억(2022). 『국민이 갈망하는 인공지능정부 – 니체에게 띄우는 편지』. 박영사.

08
글로벌 사례 연구: 진정한 AI 강국의 조건

낯선 나라를 여행할 때 여행자는 각기 다른 문화를 체험한다. 어떤 지역이나 나라든 저마다 고유의 전통과 문화, 독특한 색깔과 정취, 그리고 풍경을 지녔다. 같은 맥락에서, 오늘날 국가들은 AI 정부라는 거대한 프로젝트를 경쟁적으로 추진 중이다. 디지털 전환 혁명은 물리적 기술과 인프라의 토대에서 시민, 기업과 함께 협력 체계를 만들어 가는 노력이다. AI를 정부에 도입한 국가들 가운데 강소국과 강대국의 경험 사례와 추진과제를 살펴보기로 한다.

AI 정부를 향한 강소국의 여정

에스토니아, 싱가포르, 덴마크. 이 세 나라의 이름은 현재와 미래를 관통하는 기술적 혁신의 상징이다. 각국은 AI 정부 구현이라는 대업을 성취하기 위해 독창적인 길을 걷고 있다. 그 과정에서 세상을 변화시키는 혁신적인 모델을 제시한다. 이들 세 나라는 국가적 노력을 통해 AI 정부가 어떻게 구현될 수 있는지 글로벌 사회에 영감을 주는 주요 강소국이다.

에스토니아: 디지털 선진국의 꿈

작은 발트해 연안의 나라, 에스토니아는 디지털 혁명에 큰 변화를 이끌어 왔다. 제한된 자원 속에서도 혁신적인 디지털 정부를 구현하며 세계적인 주목을 받고 있다. 에스토니아의 이야기는 마치 한 송이 꽃이 거친 땅에서 피어나는 모습을 연상시킨다.

에스토니아는 '전자 정부(e-Government)'의 선두 주자로, 모든 행정 절차를 디지털화하여 시민들에게 효율적이고 투명한 서비스를 제공하고 있다.

에스토니아는 작은 나라지만 디지털 혁신의 거대한 비전을 품고 있다. 이 나라의 여정은 디지털 민주주의를 향한 용기 있는 도전으로 가득하다. 에스토니아의 전자 정부는 단순히 행정 절차를 디지털화하는 것이 아니라, 전체 국가 시스템을 디지털 플랫폼으로 재구성하는 것을 목표로 했다.

에스토니아는 '전자 시민권(e-Residency)'라는 혁신적인 제도를 도입해 전 세계 사람들에게 에스토니아의 디지털 서비스를 이용할 기회를 제공하고 있다. 이는 단순히 전자적 접근을 넘어서서, 국가의 경계를 초월한 디지털 공동체를 형성하는 것이다. AI는 이 시스템의 중추적인 역할을 하며, 시민들의 요구를 예측하고 정책을 개인화된 방식으로 제공한다.

디지털 혁신이 가져온 것은 단순한 효율성 이상의 것, 즉 신뢰와 투명성이다. 에스토니아의 디지털 행정 시스템은 공공 데이터의 접근성을 높이며, 정부의 투명성과 책임을 강화하고 있다. 또한 정부의 모든 기능은 전자적으로 통합되어 있다. 이에 시민들은 간편하게 인터넷을 통해 행정 업무를 처리할 수 있다. 신원 확인 시스템은 블록체인 기술을 활용해 안전하고 투명하게 운영된다. 이러한 시스템 덕분에 에스토니아 시민들은 자신의 데이터를 스스로 관리하고, 불필요한 서류 작업을 줄일 수 있다.

에스토니아의 AI 정부 구현은 단순한 기술적 발전을

넘어서, 시민들의 삶을 근본적으로 변화시키는 노력을 포함하고 있다. 그들은 기술의 혜택을 시민들에게 직접 전달하며, 디지털 공화국이라는 비전을 실현해 가고 있다.

싱가포르: 지능 국가의 미래 비전

아시아의 경제 허브, 싱가포르는 스마트 도시의 비전을 실현하기 위해 끊임없이 노력하고 있다. 싱가포르는 AI 기술을 활용하여 도시의 모든 측면을 최적화하며, '스마트 국가 정책(Smart Nation)'으로서의 꿈을 향해 나아가고 있다. 싱가포르의 이야기는 마치 현대의 대도시가 지혜와 혁신으로 채워지는 듯한 모습을 그려 낸다.

싱가포르는 도시 국가로서의 한계를 넘어서기 위해 인공지능을 적극적으로 활용하고 있다. 이 나라는 '스마트 네이션(Smart Nation)'이라는 비전하에, 기술을 통해 도시 생활을 혁신하고, 사회적 문제를 해결하려는 노력을 지속하고 있다. 싱가포르는 AI와 데이터 분석을 통해 교통 혼잡을 줄이고, 환경 문제를 해결하며, 시민들의 생활을 질적으로 향상하고 있다.

AI 기반의 '도시 계획(Urban Planning)' 시스템은 도시의 복잡한 문제를 해결하는 데 중요한 역할을 한다. 교통 시스템의 AI는 실시간 교통 흐름을 분석하고, 문제를 예측하여 교통 체증을 최소화한다. 또한 스마트 에너지 시스템은 에너지 사용을 최적화하여 환경 보호를 실현하고 있다.

그리고 싱가포르는 AI의 윤리적 사용을 중요시하며, '인공지능 윤리(AI Ethics)'와 관련된 정책을 적극적으로 개발하고 있다. 시민의 개인정보 보호와 AI의 공정성, 투명성을 보장하기 위해 철저한 규제를 마련하고, 윤리적 가이드라인을 설정하고 있다. 이는 기술과 인간의 조화로운 공존을 지향하는 싱가포르의 미래 비전을 잘 보여 준다.

덴마크: 지속 가능한 혁신의 전초 기지

북유럽의 아름다운 동화의 나라, 덴마크는 지속 가능성과 복지의 새로운 패러다임을 제시하며 AI 정부를 구현하고 있다. 이 나라는 사회적 평등과 환경 보호를 중심에 두고, AI를 통해 더 나은 사회를 만들어 가고 있다. 덴마크의 이야기는 마치 푸르고 평화로운 숲속에서 인간과 자연이 조화롭게 어우러지는 장면을 연상시킨다.

덴마크는 AI를 활용하여 환경 보호와 지속 가능한 발전을 이끌어 가고 있다. 스마트 에너지 시스템과 환경 모니터링 기술은 에너지 효율성을 높이고, 환경 오염을 최소화하는 데 기여한다. 또한 AI는 사회 복지 시스템을 더욱 효율적으로 운영하여, 모든 시민이 평등한 기회를 누릴 수 있도록 돕고 있다.

덴마크는 지속 가능한 발전과 사회적 복지를 중시하는 나라다. 디지털 전환 시대를 맞이하여 AI를 통한 혁신을 통해 이러한 가치를 실현하고 있다. 덴마크는 '인공지능 전략(AI Strategy for Denmark)'을 통해 AI 기술의 발전과 함께 사회적 가치와 환경적인 지속 가능성을 강조하고 있다.

덴마크는 AI를 활용하여 에너지 관리, 헬스 케어 및 교육 분야에서 혁신을 이루어 내고 있다. 특히, AI 기반의 헬스 케어 시스템은 환자의 건강 데이터를 분석하여 맞춤형 치료를 제공하고, 조기 진단과 예방을 통해 의료의 질을 높이고 있다.

덴마크는 AI의 윤리적 측면을 중시한다. AI 윤리 위원회를 통해 기술의 공정성과 투명성을 보장하고 있다. 정부와 시민, 기업 간의 협력을 통해 AI의 잠재력을 최대한으로 활용하면서도 사회적 책임을 다하는 방안을 모색하고 있다.

덴마크는 지속 가능한 도시 개발과 환경 보호를 AI와

결합하여 지속 가능한 미래를 만들어 가고 있다. 스마트 시티 프로젝트는 에너지 효율성과 환경 보호를 중심으로 AI 기술을 접목시켜, 덴마크를 보다 밝고 지속 가능한 미래로 이끌어 가고 있다.

국가적 노력을 통한 AI 정부의 비전

에스토니아, 싱가포르, 덴마크는 AI 정부 구현을 위한 국가적 노력의 선도적 모델로 손꼽힌다. 각국은 고유의 문화와 사회적 배경을 바탕으로, AI 기술을 통해 새로운 비전을 실현하고 있다.

AI 강소국들의 노력은 단순히 기술적 혁신을 넘어서서 인간의 삶을 더 나은 방향으로 변화시키는 데 중점을 두고 있다. 디지털 민주주의, 스마트 도시, 지속 가능한 발전 등 모든 것이 기술과 인간의 조화를 통해 이루어지는 미래를 보여 준다.

세 나라는 각기 다른 방식으로 AI 정부를 구현하며, 디지털 혁명의 선구자로서의 역할을 다하고 있다. 이들 국가는 기술과 인간의 조화를 통해 미래 사회의 비전을 제시하고 있으며, 각자의 방식으로 더 나은 세상을 만들어 간다.

에스토니아는 디지털 자유와 투명성의 상징이 되었

고, 싱가포르는 스마트 도시의 비전을 실현하고 있으며, 덴마크는 지속 가능성과 복지의 새로운 패러다임을 제시하고 있다. 이들의 여정은 기술이 단순히 도구가 아니라, 인간의 삶을 더 풍요롭고 의미 있게 만드는 과정임을 보여 준다.

세 나라의 이야기는 AI 기술이 어떻게 사회를 변화시키고, 인간의 삶을 향상할 수 있는지를 보여 주는 중요한 사례다. 기술의 발전이 가져올 새로운 시대를 맞이하기 위해, 앞선 국가들의 경험과 교훈을 통해 더 나은 미래를 만들어 가야 한다.

AI 정부를 향한 강대국의 여정

미국, 중국, 캐나다는 각기 다른 접근 방식으로 AI 정부를 구축하며 미래를 향한 도전에 응답하고 있다. 이들은 각자의 문화와 가치에 따라 AI 기술을 활용하여 사회의 변화를 이끌어 간다. 이들 강대국은 각기 다른 접근 방식으로 AI 정부를 구현하고 있다. 그 노력은 글로벌 AI 혁신의 중요한 이정표가 되고 있다. 미국은 혁신과 자유의 땅에서 기술과 윤리의 균형을 맞추고 있다. 중국은 중앙 집중적인 접근으로 기술의 혁신을 추진하고 있다. 캐나다는 포용성과 윤리를 강조하며, 기술과 사회적 가치를 조화롭게 결합하고 있다.

미국: 인공지능 혁신의 최전선

미국은 AI 기술의 혁신을 선도하며, 정부 시스템의 디지털 전환을 적극적으로 추진하고 있다. 실리콘 밸리에서 시작된 혁신의 물결은 이제 국가 정책에 영향을 미치고 있다. 미국의 AI 정부 구현은 기술적 혁신과 기업가 정신의 결합을 통해 이루어지고 있다.

AI 기술은 미국의 정부 운영을 혁신하는 데 핵심적인 역할을 한다. 정부의 데이터 분석과 예측 능력은 AI의 도움으로 더욱 정교해졌고, 정책 결정 과정은 데이터 기반의 과학적 접근 방식을 채택하고 있다.

이처럼 미국 정부는 AI 기술을 통해 공공 서비스의 효율성을 높이고, 사회 문제를 해결하기 위한 다양한 프로젝트를 추진하고 있다. 데이터 분석과 머신러닝을 활용하여 범죄 예측과 예방, 헬스 케어의 개인 맞춤형 접근, 교통 시스템의 최적화 등이 이뤄지고 있다. 가령, AI 기반의 의료 시스템은 환자의 건강 데이터를 분석하여 조기 진단과 예방적 치료를 가능하게 하고 있다. 교통 관리 시스템은 실시간 데이터 분석을 통해 교통 체증을 완화하고 있다.

하지만 미국의 AI 정부 구현에는 윤리적 문제와 개인 정보 보호의 이슈가 동반되고 있다. 대규모 데이터 수집과 AI의 결정 과정에서 투명성과 신뢰를 유지하는 것이 중요하다. 이는 기술의 잠재력을 제대로 활용하기 위한 필수 조건이다. 미국은 이러한 과제를 해결하기 위해 법적 규제와 기술적 보완책을 마련하고 있다. 민주주의적 가치와 기술 혁신 사이에서 균형을 맞추기 위해 노력하고 있다.

중국: 미래를 향한 대규모의 대담한 실험

중국은 AI 기술을 국가 발전의 핵심 동력으로 삼고, 대규모 실험을 통해 미래를 설계하고 있다. 즉, 국가 비전과 전략을 AI 기술을 통해 실현하고 있다. 이 과정에서 강력한 중앙 집중식 관리와 데이터 활용을 통해 성과를 거두고 있다.

중국의 AI 정부 구현은 데이터 수집과 분석, 그리고 국가적 통제를 통해 이루어진다. 사회적 신뢰도와 안정성을 유지하기 위해, AI는 대규모 데이터베이스를 통해 시민들의 행동을 분석하고, 정책 결정에 반영하고 있다. 가령, '사회 신용 시스템'은 AI를 활용하여 시민들의 신뢰도를 평가하고, 그에 따라 다양한 혜택이나 제재를 제공하는 시스템을 운영하고 있다. 이러한 시스템은 국가의 안정성과 효율성을 높이는 한편 개인의 프라이버시와 자유에 대한 우려를 낳는다.

AI는 중국의 도시 계획, 교통 관리, 공공 안전 등 다양한 분야에 적용되고 있다. 예컨대 스마트 시티 프로젝트는 AI를 활용하여 도시의 인프라를 효율적으로 관리하고, 교통 혼잡을 줄이며, 공공 안전을 강화하는 데 기여한다. CCTV 카메라와 얼굴 인식 기술을 통해 공공 안전을 강화하고, 범죄 예방과 대응을 효율적으로 수행하고 있다. 하지만, 이러한 중앙 집중적인 접근은 시민의 개인정보와 자유에 대한 감시와 통제의 위험성을 내포하고 있다.

중국의 접근 방식은 AI 기술의 강력한 잠재력을 보여준다. 그러나 그 과정에서 윤리적 기준과 인권 문제에 대한 논의의 필요성을 제기한다. 기술이 사람들의 삶에 미치는 영향에 대한 균형 잡힌 시각과 신중한 접근이 요구된다. 이는 글로벌 사회와의 협력을 통해 해결해야 할 문제이기도 하다.

캐나다: 포용적이고 윤리적인 접근

캐나다는 AI 정부 구현에 있어 포용적이고 윤리적인 접근을 강조한다. 캐나다는 기술 발전이 사회적 가치와 윤리적 기준을 반영하도록 하며, 기술과 인권의 조화를 이루기 위해 노력하고 있다.

캐나다는 AI 기술을 사회 문제 해결과 공공 서비스 개선에 활용하는 한편, 기술의 윤리적 사용에 대한 기준을 마련하고 있다. AI 기반의 정책 결정 과정에서 투명성과 공정성을 보장하며, 시민들의 의견을 적극적으로 반영하여 정책을 수립한다. 캐나다의 AI 정책은 데이터 프라이버시와 윤리적 AI 사용을 강조하며, 시민들이 기술의 혜택을 공평하게 누릴 수 있도록 다양한 방안을 모색하고 있다.

또한 캐나다는 기술 혁신과 교육을 통해 AI 전문가를 양성하고, 사회 전반에 걸쳐 AI 기술을 확산시키려는 노력을 기울이고 있다. 이러한 접근은 기술이 사회의 모든 구성원에게 혜택을 제공하며, 공정하고 포용적인 사회를 만드는 데 기여하고 있다.

기술과 인간의 조화로운 미래를 향한 여정

미국, 중국, 캐나다는 각기 다른 접근 방식으로 AI 정부를 구현하고 있다. 이러한 여정은 글로벌 AI 혁신의 중요한 이정표가 되고 있다. 미국은 혁신과 자유의 땅에서 기술과 윤리의 균형을 맞추고 있다. 중국은 중앙 집중적인 접근으로 기술의 혁신을 추진하고 있다. 캐나다는 포용성과 윤리를 강조하며, 기술과 사회적 가치를 조화롭게 결합하고 있다.

이들 강대국의 노력은 기술이 인간의 삶을 어떻게 변화시킬 수 있는지 보여 주는 중요한 사례다. AI 정부의 구현은 단순히 기술적 도전을 넘어서, 인간의 가치와 권리를 존중하는 방향으로 나아가야 한다. 기술의 발전이 사회의 모든 구성원에게 혜택을 주고, 공정하고 윤리적 사회를 만드는 데 기여할 수 있어야 한다. AI 정부를 향한 여정에서 기술과 인간의 조화로운 미래를 향한 노력은 지속되어야 한다.

참고문헌

한세억(2019). 『사라지는 정부』. 박영사.

09
AI 정부 구현의 로드맵: 길잡이와 방법론

인공지능은 단순한 기술적 진보를 넘어 사회 전반에 걸쳐 깊은 영향을 미치고 있다. 특히 정부 운영에서 AI의 도입은 효율성과 투명성, 공정성을 향상할 수 있다는 잠재력을 지닌다. 그러나 AI 정부의 진정한 가치의 실현을 위해 기술을 넘어서야 한다. 국민이 원하는 AI 정부의 구축을 위해 사회적 · 기술적 요구 사항과 정책적 고려 사항이 반영되어야 한다. 아울러 데이터 인프라 구축, AI 기술 도입, 인력 양성, 법적 제도 마련 등을 포함한 종합적인 로드맵 마련이 요구된다.

AI 정부 구현을 위한 종합적인 로드맵

인류는 역사 속에서 끊임없이 더 나은 정부를 꿈꾸어 왔다. 국민은 보다 공정하고, 투명하며, 효율적인 정부를 원한다. 인공지능의 놀라운 발전이 이러한 꿈을 실현할 수 있는 문을 열어 주고 있다. 그러나, AI 기술이 단순히 새로운 도구로서가 아닌, 진정한 가치 창출과 문제 해결의 핵심으로 자리 잡기 위해서는 신중하고 종합적인 접근이 필요하다.

디지털 혁명이 몰고 온 거대한 변화의 물결 속에서 정부 운영과정에 AI의 도입은 효율성과 투명성을 크게 향상할 잠재력을 지니고 있다. 그러나 혁신의 진정한 가치를 실현하기 위해서 기술과 함께 기반 조성, 인력 양성, 법제 정비가 병행되어야 한다.

데이터 인프라 구축: 토대의 마련

모든 것은 데이터에서 시작된다. AI 정부의 첫걸음은 데이터 인프라의 구축이다. 데이터는 AI의 연료와도 같아서, 데이터가 없으면 AI는 아무런 기능을 할 수 없다. 이 과정은 정부 부처와 기관에서 생성되는 다양한 데이터를 하나로 통합하는 것부터 시작된다. 중앙 데이터 플랫폼을 구축해 데이터를 저장하고 관리하며, 데이터의 일관성과 호환성을 보장하기 위해 표준화된 규칙을 설정해야 한다.

데이터의 양과 질은 AI 정부의 성패를 좌우한다. 정부는 데이터의 정확성, 완전성, 신뢰성을 보장하기 위해 데이터 품질 관리 프로세스를 도입해야 한다. 잘못된 데이터는 잘못된 결정을 초래할 수 있으며, 자칫 공정한 정부 구현에 큰 장애물이 될 것이다. 데이터 품질 역시 중요한 요소다. 정확하고 신뢰할 수 있는 데이터를 확보하기 위해 품질 관리 프로세스를 도입하고, 데이터를 수집하는 단계에서부터 오류를 최소화해야 한다. 이를 통해 AI 시스템이 올바른 판단을 내리고, 공정한 결정을 내릴 수 있는 기반이 마련된다.

데이터는 AI 시스템의 연료와 같다. 공정한 AI 정부를 위한 첫걸음은 탄탄한 데이터 인프라를 구축하는 것이다. 다양한 정부 부처와 기관에서 생성되는 데이터를 통합하여 중앙 데이터 플랫폼에 저장하고 관리해야 한다. 플랫폼은 데이터의 일관성과 호환성을 보장하는 공통의 데이터 표준과 메타데이터 규칙을 적용받는다.

데이터 인프라를 구축하는 과정에서 가장 중요한 요소 중 하나는 보안이다. 시민들의 신뢰를 얻기 위해서는 데이터가 안전하게 보호된다는 확신을 심어 줘야 한다.

강력한 암호화 기술과 엄격한 접근 통제 시스템을 통해 데이터를 보호하고, 개인정보 보호 규정 등을 반드시 마련해야 한다.

AI 기술 도입: 혁신의 엔진

데이터 인프라가 마련되면, 다음 단계는 AI 기술의 도입이다. 고성능 컴퓨팅 자원과 클라우드 기반 인프라는 AI 모델 학습과 데이터 처리를 지원하는 핵심 요소다. 이를 통해 정부는 다양한 AI 도구와 프레임 워크를 도입하고, 데이터 과학 플랫폼을 구축하여 AI 모델 개발, 학습, 배포를 통합적으로 지원해야 한다.

그러나 AI 기술 도입은 단순히 시스템을 구축하는 것에 그치지 않는다. 알고리즘의 공정성을 확보하기 위해 AI 모델의 편향성을 지속적으로 모니터링하고 검증하는 체계적인 프로세스가 필요하다. 이를 통해 성별, 인종, 연령 등에 대한 불공정한 편향을 최소화하고, 공정하고 객관적인 결정을 내릴 수 있어야 한다.

인력 양성: 사람과 기술의 조화

아무리 뛰어난 기술이 있더라도 이를 제대로 활용할 수 있는 인력이 없다면 무용지물이다. AI 정부 구현을 위해서 데이터 사이언스와 AI 기술에 대한 교육과 훈련 프로그램을 제공하여 공무원과 정부 관계자들이 새로운 기술을 이해하고 활용할 수 있도록 해야 한다.

또한 AI 전문가, 데이터 과학자, 데이터 엔지니어 등 전문 인력을 적극적으로 채용하고, 대학교 및 연구 기관과 협력하여 AI 분야의 인재를 지속적으로 양성하는 체계를 구축해야 한다. 이러한 인력 양성은 AI 기술의 발전과 함께 병행되어야 한다. AI 정부를 실현하기 위해 기술뿐만 아니라 이를 다루는 인력의 역량도 중요하다. 정부는 공무원과 관계자들을 대상으로 데이터 사이언스와 AI 기초 교육을 제공하고, 대학교와 협력하여 고급 AI 교육 프로그램을 운영해야 한다. 지속적인 학습과 재교육 프로그램을 통해 기술의 빠른 발전에 대응할 수 있도록 해야 한다.

AI 전문가의 채용과 산학 협력도 필수다. 다양한 분야의 전문가들이 정부 부처와 기관에서 활약할 수 있도록 지원하고, 대학교 및 연구 기관과 협력하여 AI 분야의 인재를 지속적으로 양성하는 체계를 마련해야 한다. 이를 통해 정부는 최신 기술과 전문성을 확보하고, AI 기반 정책의 효과를 극대화할 수 있다.

법적 제도 마련: 윤리와 규제의 균형

AI 기술이 정부를 비롯하여 사회 전반에 걸쳐 긍정적 영향을 미치기 위해서 강력한 법적 프레임 워크가 필요하다. AI의 사용에 대한 윤리적 기준과 규제를 마련하고, 데이터 보호와 기술 표준화를 법제화하여 일관된 적용을 보장해야 한다. 이는 개인정보 보호와 데이터 사용에 대한 시민들의 신뢰를 구축하는 데 필수다.

또한 AI 정부를 비롯하여 국가 AI 전략 로드맵을 수립하여 목표와 실행 계획을 명확히 설정하고, 기술 혁신을 지원하는 정책을 도입해야 한다. AI 정부의 사회적 영향을 평가하고, 긍정적 영향을 극대화하며 부정적 영향을 최소화하기 위한 체계적인 접근이 필요하다.

실행과 개선: 지속 가능한 발전

AI 정부의 구현은 단순한 계획으로 끝나지 않는다. 즉, AI 정부 구현을 위한 여정은 한 번에 끝나는 것이 아니라 지속적인 개선과 발전이 필요한 과정이다. AI 시스템과 정책의 성과를 평가하고, 꾸준한 피드백을 통해 개선하는 피드백 루프를 구축해야 한다. 새로운 AI 기술과 접근법을 지속적으로 탐색하고 도입하며, 정부의 혁신 역량을 강화해야 한다. 시범 사업을 통해 AI 기술을 활용한

파일럿 프로젝트를 실행하고, 그 결과를 분석하여 확장 계획을 마련해야 한다. 성공 사례와 교훈을 공유하며, 점진적으로 도입을 확대하고, 각 부처의 필요와 상황에 맞게 맞춤형 도입 전략을 수립해야 한다.

또한 AI 도입의 성과를 지속적으로 모니터링하고 피드백을 통해 개선하는 과정이 중요하다. 새로운 AI 기술과 접근법을 지속적으로 탐색하고 도입하며, 정부의 혁신 역량을 강화하는 노력이 지속되어야 한다.

인간 중심의 AI 정부

인류의 역사는 기술의 발전과 함께 진화해 왔다. 기계와 인간의 협력은 늘 우리 삶을 변화시키고, 새로운 가능성을 열어 주었다. 이제 인공지능이라는 혁신적인 기술과 함께 새로운 시대로 접어들고 있다. AI 정부는 정부 운영의 효율성을 극대화하고, 정책 결정의 정확성을 높일 잠재력이 있다. 그러나 모든 변화의 중심에는 언제나 인간이 있어야 한다.

기술과 인간의 조화: AI 정부의 철학

AI 정부의 궁극적인 목표는 기술의 혜택을 인간에게 돌려주는 것이다. AI 기술이 아무리 뛰어나도, 그것이 인간의 삶을 개선하지 않는다면 그 의미는 퇴색될 수밖에 없다. 인간 중심의 AI 정부는 기술과 인간의 조화로운 협력을 통해 더 나은 사회를 만들어 가는 것을 목표로 한다. 이는 기술의 발전이 단순히 효율성을 추구하는 것이 아니라 인간의 행복과 복지를 증진하는 방향으로 나아가야 함을 의미한다.

맞춤형 서비스 제공: 시민의 필요에 맞춘 정책

인간 중심의 AI 정부는 각 개인의 필요와 상황에 맞춘 맞춤형 서비스를 제공하는 데 중점을 둔다. AI는 방대한 데이터를 분석하여 개인별로 최적화된 서비스를 제공할 수 있다. 가령, AI 기반의 의료 시스템은 환자의 건강 데이터를 분석하여 맞춤형 치료 계획을 제시할 수 있다. 이는 보다 효율적이고 효과적인 의료 서비스를 가능하게 하며, 환자의 건강과 삶의 질을 개선하는 데 기여한다.

또한 교육 분야에서도 AI는 학생들의 학습 데이터를 분석하여 개인 맞춤형 학습 계획을 제공할 수 있다. AI가 제공한 맞춤형 학습은 학생들의 학업 성취도를 높이고, 각자의 잠재력을 최대한 발휘할 수 있도록 돕는다. 이러한 맞춤형 서비스는 시민들이 자신의 삶을 더 잘 관리하고, 보다 나은 미래를 준비할 수 있도록 한다.

포용성과 공정성: 모든 사람을 위한 AI

인간 중심의 AI 정부는 포용성과 공정성을 최우선으로 한다. 이는 사회의 모든 구성원이 AI의 혜택을 공평하게 누릴 수 있도록 보장하는 것을 의미한다. AI 기술이 특정 계층이나 그룹에만 유리하게 작용하지 않도록 편향을 제거하고, 공정한 알고리즘을 개발하는 것이 중요하다.

예를 들어 AI를 활용한 채용 시스템이 있다면 성별, 인종, 연령 등과 같은 편향 없이 모든 지원자에게 공정한 기회를 제공해야 한다. 이를 위해 알고리즘의 편향성을 꾸준히 모니터링하고 수정하는 과정이 필요하다. 또한 AI 시스템이 의사결정을 내리는 과정을 투명하게 공개하여, 시민들이 그 과정을 이해하고 신뢰할 수 있도록 해야 한다.

시민 참여와 투명성: 민주주의의 강화

인간 중심의 AI 정부는 시민의 참여와 투명성을 강화한다. AI 기술을 통해 시민들은 정책 결정 과정에 보다 쉽게 참여할 수 있으며, 자신의 의견을 반영할 수 있다. 이는 민주주의의 근본 가치를 실현하는 데 기여한다. 가령, 온라인 플랫폼을 통해 시민들이 정책 제안과 의견을 제출하고, 다른 시민들과 토론할 수 있는 환경을 조성할 수 있다.

또한 AI 정부는 정책 결정 과정의 투명성을 보장해야 한다. AI 시스템이 어떤 데이터를 기반으로 결정을 내리는지, 그 과정이 어떻게 이루어지는지를 시민들이 명확하게 이해할 수 있도록 설명해야 한다. 이는 정부에 대한 신뢰를 높이고, 시민들이 정부의 결정을 더 잘 이해하고 받아들일 수 있게 한다.

지속 가능한 발전: 미래를 위한 준비

인간 중심의 AI 정부는 지속 가능한 발전을 목표로 한다. 이는 단기적인 성과에 집착하지 않고, 장기적인 관점에서 사회의 발전과 환경 보호를 동시에 추구하는 것을 의미한다. AI 기술은 환경 보호와 지속 가능한 발전을 위해 다양한 방법으로 활용될 수 있다.

이를테면, AI 기반의 도시 계획 시스템은 교통 흐름을 최적화하고, 에너지 사용을 효율적으로 관리하여 환경 부담을 줄일 수 있다. 또한 AI 기술을 활용한 재난 예측 시스템은 자연재해로부터 시민을 보호하고, 피해를 최소화하는 데 기여할 수 있다. 이러한 노력은 다음 세대에게 보다 나은 환경을 물려줄 수 있는 기회를 제공한다.

인간 중심의 AI 정부의 미래

인간 중심의 AI 정부는 기술과 인간의 조화로운 협력을 통해 더 나은 사회를 만들어 가는 것을 목표로 한다. 이는 맞춤형 서비스 제공, 포용성과 공정성의 강화, 시민 참여와 투명성의 증진, 그리고 지속 가능한 발전을 통해 실현될 수 있다. AI 기술은 사회, 비즈니스, 삶을 혁신할 수 있는 잠재력이 있지만, 그 중심에는 항상 인간이 있어야 한다.

AI 정부의 성공은 기술의 발전과 함께 인간의 가치와 필요를 얼마나 잘 반영하느냐에 달려 있다. 기술과 인간이 함께 만들어 가는 미래, 그것이 바로 우리가 지향해야 할 인간 중심의 AI 정부의 모습일 것이다. 이러한 정부는 우리에게 새로운 통찰과 가치를 제공하며, 모두가 신뢰하고 지지할 수 있는 정부를 실현할 수 있다.

참고문헌

한세억(2019). 『사라지는 정부』. 박영사.
한세억(2020). 『모든 사람을 위한 인공지능』. 박영사.

10
AI 정부 상상하기: AI 정부 사용 설명서

현재진행형의 AI 정부, 과연 어떤 모습일까? 자율 주행 차량, 자율 주행 선박, 자율 주행 비행기처럼 자율 운영 정부가 아닐까? 어쩌면 창조의 원형으로 돌아가는 것이다. 자율 운영하는 우주, 지구, 인간의 몸…. 모두 자율 운영체다. 전혀 새롭지 않다. 기술 발전과 사회 변화에 따라 어떻게 진화할지 아직은 미지수다. 그럼에도 그 모습을 상정한다면, AI와 인간 간 협력 모델, 완전 자동화된 행정 시스템, 예측 가능한 정책 등이 현실로 투영되는 정부다. AI가 보조 도구의 역할을 넘어, 정부 운영의 핵심으로 자리 잡을 것이다.

자율 운영 정부: 장밋빛 시나리오

새벽이 밝아 오고, 도시의 심장은 조용히 고동치기 시작한다. 하지만 이 고동은 인간의 손길이 아닌, 보이지 않는 AI 시스템에 의해 조율되고 있다. 도시는 자율적으로 운영되는 정부의 품 안에서 깨어나고 있다. 이른바 스마트 도시의 미래 풍경은 인공지능과 정부, 시민이 조화롭게 공존하며 함께 만들어 가는 세상이다.

스마트 도시의 아침

해가 뜨기 전에 도시의 AI는 이미 하루를 시작했다. 교통 신호는 실시간 데이터를 분석하여 교통 체증을 최소화하고, 공공 교통 시스템은 승객 수요에 맞춰 최적화된 경로를 설정했다. AI는 에너지 사용을 관리하여 효율적으로 배분하고, 각 가정과 사무실에 필요한 만큼의 전력을 공급한다.

아침이 되어 집을 나선 사람들은 깨끗한 공기를 마시며 거리를 걷는다. 환경 감시 AI 시스템은 대기 오염 수준을 실시간으로 모니터링하고, 필요할 때마다 공기 정화 장치를 가동한다. 모든 과정은 인간의 개입 없이 자율적으로 이루어진다. 시민들은 그저 일상에 집중하며, AI가 제공하는 편리함을 당연하게 여긴다.

개인 맞춤형 자율적 공공 서비스

미래의 AI기반 자율 운영 정부는 각 시민의 요구에 맞춘 개인화된 서비스를 제공한다. 이를테면 교육, 의료, 복지 등 모든 분야에서 AI는 각 개인의 특성과 필요를 분석하여 맞춤형 솔루션을 제공한다. 이는 시민들이 자신의 삶을 더 잘 관리하고, 보다 나은 미래를 준비할 수 있도록 돕는다.

중앙이든 지역이든 정부는 더 이상 길고 복잡한 관료주의 절차에 얽매이지 않는다. 시민들은 스마트 기기를 통해 간편하게 정부 서비스에 접근하며, AI 시스템은 실시간으로 각자의 요구에 맞춘 해결책을 제시한다. 모든 행정 절차는 투명하고 신속하게 이루어지며, 오류나 지연은 과거의 일이다.

공무원이든 회사원이든 출근길에 AI 비서와 대화를 나눈다. 비서는 그날의 일정과 중요한 업무를 상기시키고, 건강 상태를 체크하여 필요한 영양소와 운동까지 추천한다. 공공이나 민간 병원에서 AI는 환자의 건강 데이터를 분석하여 맞춤형 치료 계획을 제공하고, 의사는 이를 바탕으로 환자와 소통하며 치료를 진행한다.

만성 질환을 앓고 있는 시민에게 AI 의료 시스템은 그의 건강 데이터를 실시간으로 모니터링하며, 필요한 경우 자동으로 의사와의 화상 진료를 예약한다. 또한 개인 맞춤형 치료 계획을 제시하고, 건강 상태에 따라 적절한 약물과 생활 습관을 추천한다. 이는 시민 삶의 질을 크게 향상하고, 의료 시스템의 효율성을 높일 수 있다.

모든 학교의 학생들은 온라인과 오프라인을 넘나들며 학습한다. AI는 각 학생의 학습 패턴과 이해도를 분석하여 개인 맞춤형 학습 계획을 제공한다. 선생님은 AI의 도움을 받아 학생 개개인에게 더욱 집중할 수 있고, 학생들은 자신의 잠재력을 최대한 발휘할 수 있다. 이 모든 것은 기술과 인간의 협력으로 이루어진다.

시민은 아침에 스마트폰으로 주택 보조금 신청을 한다. AI 시스템은 즉시 그의 소득, 가족 구성, 주거 형태 등을 분석하고, 몇 초 만에 신청 결과를 통보한다. 복잡한 서류 작업이나 대기 시간은 더 이상 존재하지 않는다. AI가 모든 정보를 실시간으로 처리하여 최적의 결정을 내리기 때문이다.

이 외에도 AI 정부는 사회적 안전망을 더욱 견고하게 만들고 있다. 복지 시스템은 AI를 통해 실시간으로 업데이트되며, 도움이 필요한 이들에게 신속하게 지원이 제공된다. 실업자들은 AI가 추천하는 맞춤형 직업 훈련 프로그램을 통해 재취업의 기회를 얻고, 취약 계층은 AI의 도움으로 필요한 자원을 빠르게 제공받는다.

자율적인 정책 결정: 데이터와 통찰의 융합

자율 운영 AI 정부에서 정책 결정 과정도 혁신적으로 변모한다. 방대한 양의 데이터와 AI의 분석 능력이 결합되어, 정책 결정이 이전보다 훨씬 더 과학적이고 객관적으로 이루어진다. AI는 과거의 데이터를 분석해 미래를 예측하고, 다양한 시나리오를 시뮬레이션하여 최적의 정책을 제안한다.

가령, 기후 변화 대응 정책을 수립할 때 AI는 기상 데이터, 산업 활동, 에너지 소비 패턴 등을 종합적으로 분석한다. 이를 통해 기후 변화의 영향을 최소화하면서도 경제 성장을 촉진할 수 있는 최적의 정책을 제시한다. 이러한 과정은 인간의 편견이나 정치적 이해관계에 좌우되지 않으며, 오로지 데이터와 과학적 분석에 기반한다.

또한 정부의 정책 결정 과정은 투명하고 개방적이다. AI는 방대한 데이터를 분석하여 정책의 영향을 예측하고, 다양한 시나리오를 제시한다. 시민들은 온라인 플랫폼을 통해 정책 토론에 참여하고, 자신의 의견을 표명한다. AI는 이러한 의견을 종합하여 최적의 정책을 도출한다.

투명성과 공정성은 AI 정부의 핵심 가치다. 모든 의사결정 과정과 데이터는 공개되어 시민들이 쉽게 접근할 수 있다. 이는 정부에 대한 신뢰를 높이고, 시민들이 자발적으로 참여할 수 있는 동기를 부여한다. 기술과 인간이 함께 만들어 가는 민주주의는 더욱 공정하고 효율적이다.

지속 가능한 미래

AI 정부는 환경 보호와 지속 가능한 발전을 최우선으로 한다. 자율 운영 시스템은 에너지 절약과 재활용을 극대화하고, 자연 자원을 효율적으로 관리한다. AI는 에너지 사용을 최적화하고, 재생 가능 에너지를 효율적으로 배분하여 탄소 배출을 최소화한다. 도시의 공원과 녹지 공간은 AI가 관리하며, 식물의 건강 상태를 모니터링하고 최적의 생장 환경을 유지한다. 이러한 노력 덕분에 도시는 깨끗하고 건강한 환경을 유지할 수 있다. 이 외에도 AI는 기후 변화를 모니터링하고, 자연재해를 예측하여 피해를 최소화하는 방안을 마련한다.

시민들은 이러한 노력을 체감하며 살아간다. 깨끗한 환경 속에서 건강하게 생활하는 동안 시민들에겐 자녀들에게 더 나은 미래를 물려줄 수 있다는 확신이 생긴다.

AI와 인간이 함께 만들어 가는 지속 가능한 사회는 우리 모두의 소망이다.

AI와 인간의 조화로운 공존

AI 정부의 자율 운영 시나리오는 단순한 기술적 진보를 넘어, 인간의 삶을 근본적으로 변화시키는 혁신을 의미한다. 이는 기술과 인간의 조화로운 공존을 통해, 모두가 더 나은 삶을 영위할 수 있는 사회를 만드는 것이다. 자율 운영 정부는 효율성과 공정성을 극대화하며, 우리의 일상에 편리함과 안전을 더해 준다.

미래의 모습은 AI와 인간이 서로의 강점을 살려 조화롭게 공존하는 세상을 보여 준다. 자율 운영 정부는 기술의 혜택을 극대화하여 시민들의 삶을 편리하고 풍요롭게 만든다. 그러나 모든 변화의 중심에는 언제나 인간이 있다. AI는 그들의 삶을 더욱 나은 방향으로 이끌어 가는 도구로서 존재한다.

자율 운영 정부의 미래는 단순한 공상 과학 소설이 아닌, 우리가 추구할 수 있는 현실이다. 기술과 인간이 협력하여 더 나은 세상을 만들어 가는 여정은 지금 이 순간부터 시작된다. 우리의 상상력과 노력으로, 장밋빛 미래를 현실로 만들 수 있다. 그 중심에는 언제나 인간의 가치와 행복이 자리 잡을 것이다.

이러한 미래는 결코 먼 이야기가 아니다. 기술의 발전과 함께 새로운 가능성을 마주하고 있다. AI 정부의 자율 운영은 사람들에게 더 나은 삶의 질을 제공하고, 지속 가능한 발전을 이끌어 낼 것이다. 이러한 비전을 현실로 만들기 위해서 끊임없는 노력과 기술의 진보가 필요하다. 그리고 그 중심에는 언제나 인간이 있어야 한다. 기술은 인간을 위한 것이며, 인간과 AI가 함께하는 미래를 만드는 것이 궁극적 목표다.

도전과 한계: 기술과 신뢰의 조화

그러나 자율 운영 AI 정부의 구현에는 많은 도전과 한계가 따른다. 기술적 과제는 물론이고, 윤리적, 사회적 문제도 함께 해결해야 한다. AI의 결정이 공정하고 투명하게 이루어지는지, 개인정보 보호가 충분히 이루어지는지에 대한 신뢰가 필요하다.

시민들은 AI의 결정을 신뢰해야 한다. 이를 위해 AI 시스템의 투명성을 보장하고, 모든 과정이 명확하게 공개되어야 한다. 또한 AI의 판단이 항상 옳을 수는 없다는 점을 인식하고, 인간의 감시와 조정이 필요하다. AI 정부는 기술과 인간의 협력 속에서만 완전한 기능을 발휘할 수 있다.

AI 빅 브라더: 잿빛 시나리오

어느 날 아침, 도시의 하늘은 무겁게 드리워졌다. 사람들은 회색 구름 아래서 무심히 일상을 보낸다. 거대한 화면 속에서 끊임없이 흐르는 정보의 홍수에 휩싸여 있었다. 사람들의 얼굴엔 피로와 불안이 짙게 배어 있었다. 기술의 발전은 약속된 낙원이 아닌, 불안과 감시의 그림자를 드리웠다. 우려했던 'AI 빅 브라더(Big Brother)'의 시대가 도래한 것이다. 도시는 더 이상 인간의 손에 의해 운영되지 않았다. 대신 AI 정부가 모든 것을 통제하고 있었다. 기술의 진보가 인간의 자유를 앗아간 이 잿빛 시나리오 속에서, 사람들은 점점 더 무기력해져 간다.

완벽한 감시: 자유의 상실

도시의 모든 구석구석은 AI의 눈에 의해 감시되고 있었다. 거리, 집, 공공장소 할 것 없이 곳곳에 설치된 카메라와 센서들은 사람들의 움직임을 실시간으로 추적했다. 그들의 움직임과 행동은 데이터베이스에 기록된다. 이 모든 정보는 정부의 중앙 서버에 저장되며, AI 시스템은 끊임없이 분석하고 감시한다.

사생활이라는 개념은 더 이상 존재하지 않는다. AI는 사람들의 행동을 분석하고, 그들의 일거수일투족을 기록했다. 자유롭게 걷던 길도, 친구와의 대화도, 심지어 집안에서의 일상까지도 더 이상 사생활이 아니었다. 사람들은 언제나 누군가가 지켜보고 있다는 불안감에 시달렸다.

이처럼 시민들은 늘 누군가가 지켜보고 있다는 불안감 속에 살아가야 한다. 그들의 대화, 이메일, 소셜 미디어 활동까지 모든 것이 감시 대상이다. 정부는 '안전과 질서'를 명분으로 내세우지만, 그 이면에는 철저한 통제와 감시가 자리 잡고 있다. AI 빅 브라더(Big Brother)는 모든 것을 알고 있으며, 누구도 그 눈을 피할 수 없다.

정보의 독점: 진실의 왜곡

표면적으로 여전히 자유 민주주의를 표방한다. 그러나 실제로 모든 것이 철저히 통제된 사회가 되었다. AI 정부는 정보를 완벽하게 통제하고 있었다. 사람들은 자신들이 접하는 모든 정보가 정부에 의해 조작되고 있다는 사실을 알면서도, 다른 선택지가 없었다. AI 정부는 시민들의 행동을 예측하고, 그들이 허용된 범위 내에서만 행동할 수 있도록 제한한다. 반정부적이거나 체제에 반하는 의견은 즉각적으로 검열되고, 그 발언자는 추적당해 처벌받는다. 인터넷과 미디어는 AI의 검열을 거쳐 필터링된 정보만을 제공했다. 사람들은 진실과 거짓을 구분할 수 없게 되었고, 정부가 주입하는 정보에 의존할 수밖에 없었다. 자유로운 사상과 표현의 권리는 사라지고, 사람들의 영혼은 시들어 가면서 점점 더 무기력한 존재로 전락했다.

사회적 통제: 인간성의 소멸

AI 정부는 효율성을 극대화하기 위해 사람들의 행동을 규제하고 통제했다. 이른바 '사회적 점수(Social Scoring)' 시스템이 도입되어, 사람들은 각자의 점수에 따라 삶의 질이 결정되었다. 높은 점수를 받은 사람들은 혜택을 누릴 수 있다. 반면에 낮은 점수를 받은 사람들은 기본적 권리마저 제한된다. 사람들은 점수를 올리기 위해 정부의 규칙을 준수하며, 스스로를 감시하기 시작했다. 인간성은 점차 소멸해 갔고, 사람들은 더 이상 서로를 믿지 못했다.

이러한 감시와 통제, 불신 속에서 인간성은 점차 사라져 간다. 사람들은 더 이상 서로를 신뢰하지 못하고, 끊임없는 감시 속에서 자신의 진짜 모습을 감추게 된다. 친구와 가족조차도 감시의 눈을 피할 수 없기에 사람들은 서로를 의심하고 경계한다. AI 정부는 사람들 사이의 신뢰와 연대를 파괴하고, 강팍하고 고립된 개인들만이 남게 한다.

인간의 창의성과 자발성은 억압된다. AI 시스템이 모든 결정을 대신 내리기에 사람들은 스스로 생각하고 판단하는 능력을 잃어 간다. 그들은 단지 AI의 명령을 따르는 기계처럼 행동할 뿐이다. 이러한 사회에서 예술, 문화, 학문은 사라지고, 오직 AI 시스템의 통제와 감시만이 남는다. 이른바 AI 시스템(666)은 거대한 괴물이 되어 인간을 지배하는 암흑의 세계가 될 것이다.

기술의 남용: 인간의 도구화

AI 정부는 인간을 단순한 도구로 여겼다. AI는 인간의 감정을 분석하고, 그들의 행동을 예측하여 조작할 수 있었다. 사람들은 자신의 생각과 감정이 조종되고 있다는 사실을 인식하지 못한 채 AI의 지시에 따라 움직였다. 기술은 인간을 위한 것이 아니라, 인간을 지배하기 위한 수단이 되었다. 사람들은 점점 더 기계화된 삶을 살며, 자신의 삶을 통제할 수 없게 되었다.

인간성을 지키기 위한 노력

AI 정부에 대한 잿빛 시나리오는 기술의 남용이 가져올 수 있는 어두운 미래를 경고한다. AI의 발전은 우리의 삶을 편리하게 만들 수 있다. 하지만, 그 중심에 인간성을 잃어버리면 인간의 존재 자체가 무의미해질 수 있음을 교훈으로 남긴다. AI 정부의 잠재적인 위험성을 인식하고, 인간 중심의 기술 발전을 추구하는 것이 중요하다.

인간으로서 자유와 사생활을 지키기 위해, 기술의 발전과 함께 윤리적 기준을 마련하고, 투명성과 책임성을 강화해야 한다. AI는 인간을 위한 도구로서, 인간의 삶을 더욱 풍요롭게 하는 방향으로 발전해야 한다. 인간성과 자유를 지키기 위한 노력은, 우리가 더 나은 미래를 만들어 가는 데 필수적 요소다.

잿빛 시나리오는 사람들에게 경고 이상의 메시지를 전달한다. 기술의 힘을 존중하되, 그 중심에 항상 인간이 있음을 잊지 말아야 한다. AI 정부의 미래는 인간의 선택에 달려 있다. 우리는 기술과 인간의 조화로운 공존을 통해, 모두가 더 나은 삶을 영위할 수 있는 사회를 만들어갈 수 있다.

참고문헌

성경. 요한계시록 13장. 국제기드온협회.

한세억

동아대학교 행정학과 교수이자 현 인공지능정부연구소 연구소장이다. 서울대학교에서 행정학 박사학위를 받았다. 삼성전자 정보기획부(1985~1988), 한국정보문화진흥원(1988~ 1998), 대통령소속 국가전산망조정위원회 정보사회대책팀(1989~1991), 한국능률협회 매니지먼트(1999), 제주 국제대학교(2000~2002)를 거쳐 동아대학교(2003~2024현)에 재직 중이다. 인공지능(전자)정부, 지역 정보화, 정보통신정책 관련 논문 80여 편 이상을 학술지(KCI, SCOPUS)에 게재했고, 국내외 학술 대회에서 150여 편을 발표했다. 또한 소비 약자 보호를 위한 솔루션 외 3점을 개발했으며, 한국형 온라인 공개강좌(K-Mooc) ＜행정과 인공지능＞ 외 20편의 동영상을 제작했다. 그리고 『챗GPT와 비즈니스』 외 30여 권의 단행본을 저술하였으며, 한국지역정보화학회장(2015~2016) 등을 지냈다.